Elio Dotto

Incredulità e fede

Elio Dotto

Incredulità e fede

Omelie festive dell'anno B

Edizioni Sant'Antonio

Cover image: Fornito dall'autore

Publisher:
Edizioni Accademiche Italiane
is a trademark of
International Book Market Service Ltd., member of OmniScriptum Publishing Group
17 Meldrum Street, Beau Bassin 71504, Mauritius
Printed at: see last page
ISBN: 978-613-8-39373-3

per quanto riguarda i testi del Vangelo, tratti dal Lezionario romano:
sono conformi con l'edizione italiana approvata, oggi ufficiale per l'uso liturgico, contenente la traduzione italiana della Bibbia pubblicata dalla Conferenza Episcopale Italiana nell'anno 2008.
Cuneo, 26 luglio 2020
+ Piero Delbosco – vescovo diocesano

per quanto riguarda i testi delle omelie:
nihil obstat
Cuneo, 26 luglio 2020
Giuseppe Pellegrino – teologo censore
imprimatur
Cuneo, 26 luglio 2020
+ Piero Delbosco – vescovo diocesano

Premessa

L'omelia sul Vangelo della messa festiva è forse lo strumento più prezioso nelle mani di un sacerdote, anche e direi soprattutto nel tempo secolarizzato in cui viviamo. Leggere il Vangelo insieme alla comunità radunata significa infatti fare esperienza di quella singolare universalità che rende la storia di Gesù ogni volta da capo la storia di ciascuno.

Questa esperienza non è scontata. Dipende certo dalla competenza biblica del predicatore, che tuttavia non è sufficiente. L'omelia infatti non è una lezione: più che istruire, essa deve interpellare. E perché questo accada deve stabilirsi una sintonia esistenziale tra il predicatore e gli ascoltatori che non si impara sui libri.

Le omelie che raccolgo in questo volume, relative alle domeniche e alle solennità maggiori del ciclo liturgico B, secondo il Lezionario del rito romano, sono il frutto di una pratica ventennale di predicazione, esercitata prima a Cuneo e quindi come parroco a Limone Piemonte. Rileggendole devo riconoscere un debito con alcuni predicatori e maestri che hanno segnato la mia formazione, come il vescovo che mi ha ordinato, Carlo Aliprandi, e il mio insegnante Giuseppe Angelini, teologo e parroco a Milano.

Il debito più immediato, però, è verso gli amici che hanno collaborato alla redazione materiale del volume: Giacomo Vietti che ha composto il testo, impaginando i brani evangelici con le rispettive omelie, e Teresina Giachello Cortassa che lo ha riveduto.

Ma il debito più grande è con i fedeli che hanno ascoltato le omelie qui raccolte: come ho provato a riassumere nella postfazione, terminando con questo terzo volume il ciclo triennale delle omelie festive, la condivisione ecclesiale del quotidiano passaggio dall'incredulità alla fede, narrato in modo esemplare nel Vangelo di Marco, è stata la forza della mia predicazione. Ai fedeli che mi ascoltano voglio dunque dedicare queste pagine.

Limone Piemonte (Cuneo),
26 luglio 2020,
Sant'Anna e San Gioacchino

Elio Dotto

Nota

Anche sulla copertina di questo terzo volume abbiamo messo l'immagine di Limone Piemonte, presa dalla casa di Maria Luisa Giordanengo, in regione Meani. Per l'anno C la linea d'ombra del tardo pomeriggio segnava un limpido paesaggio di tarda primavera; nel volume dell'anno A lo scenario era invernale, con la neve; qui invece, per l'anno B, Limone si trova in bilico tra una nube minacciosa e l'azzurro promettente del cielo, all'inizio dell'estate: tra incredulità e fede.

e.d.

Avvento e Natale

Prima Domenica di Avvento

Al di là della noia: se tu squarciassi i cieli

Marco 13,33-37

In quel tempo, Gesù disse ai suoi discepoli: «Fate attenzione, vegliate, perché non sapete quando è il momento. È come un uomo, che è partito dopo aver lasciato la propria casa e dato il potere ai suoi servi, a ciascuno il suo compito, e ha ordinato al portiere di vegliare. Vegliate dunque: voi non sapete quando il padrone di casa ritornerà, se alla sera o a mezzanotte o al canto del gallo o al mattino; fate in modo che, giungendo all'improvviso, non vi trovi addormentati. Quello che dico a voi, lo dico a tutti: vegliate!».

Capita certo a tutti di essere colpiti dalla noia. Ripetitiva è infatti la nostra vita; e soprattutto ripetitive sono le parole che sentiamo e diciamo ogni giorno. Accade così che davanti a questa monotonia quotidiana noi ci annoiamo, sentendoci estranei e lontani; ed accade pure che ci ritroviamo ad essere sempre in attesa di una qualche novità, di un qualche evento straordinario che ci risvegli dal torpore della noia, ridonandoci gioia e speranza.

Evagrio Pontico, un monaco del quarto secolo, ha descritto in modo efficace questo sentimento di noia che pervade la vita umana. «L'occhio di chi è nella noia – leggiamo in una sua opera – guarda con insistenza alla finestra, il suo spirito immagina sempre visitatori. La porta scricchiola, subito egli balza in piedi. Ha sentito una voce, subito guarda alla finestra e non se ne allontana che per sedersi e sonnecchiare. Quando poi sta leggendo, sbadiglia abbondantemente e facilmente si lascia prendere dal sonno. Si stropiccia gli occhi, stira le membra, poi, levati gli occhi dal libro, guarda il muro; ricomincia per un po' a leggere; sfoglia il libro per vedere quando finisce; e in questo modo perde il suo tempo».

Così dice il monaco Evagrio Pontico, pensando alle sue lunghe ore passate nella cella del monastero. E così possiamo dire tutti noi, che spesso sentiamo la medesima noia nei confronti del luogo in cui ci troviamo, delle opere in cui siamo coinvolti e, addirittura, delle persone che ci stanno intorno. Perché davvero anche a noi la vita sembra, a volte, un inutile vagare, una perdita di tempo, un continuo dormiveglia; sembra così anche a noi, che da una parte facilmente ci lamentiamo del tempo fuggitivo e scarso, ma dall'altra ci ritroviamo sempre incapaci di dare un senso ed una pienezza al tempo che abbiamo.

Proprio qui, in questo sentimento di noia, nasce l'invocazione che caratterizza l'Avvento, quell'invocazione accorata che leggiamo nella prima lettura di questa domenica, dal profeta Isaia: «se tu squarciassi i cieli e scendessi!» (Is 63,19). Come sarebbe bello: come sarebbe bello se accadesse qualcosa di davvero nuovo nella nostra vita; se finalmente qualcuno rompesse la monotonia dei giorni che passano; se fosse definitivamente bandito il torpore della noia che ci sfianca... Come sarebbe bello se il tempo riacquistasse senso e pienezza, se il lavoro ritrovasse fantasia e serenità, se riscoprissimo gli altri come fratelli da cui imparare... Come sarebbe bello «se tu squarciassi i cieli e scendessi!».

Appunto questa è l'invocazione dell'Avvento: invocazione più forte della noia quotidiana, invocazione che nel Signore Gesù diventa anche promessa. «Fate attenzione, vegliate – leggiamo nel Vangelo odierno – perché non sapete quando è il momento». Come a dire: è sicuro che i cieli verranno squarciati, è sicuro che la noia verrà vinta: perché Dio è fedele, e non viene meno alla sua promessa; tuttavia state attenti perché questo non accada all'improvviso, e vi colga di sorpresa, trovandovi addormentati, incapaci di accogliere quella novità che pure tanto avete invocato. «Fate attenzione, vegliate, perché non sapete quando è il momento».

Stiamo dunque attenti: perché il momento, il tempo atteso in cui Dio squarcia i cieli e ci viene incontro, può essere già domani: già domani possiamo scoprire la benedizione di Dio sulla nostra vita. Certo, lo spazio dei nostri giorni ci potrà apparire ancora angusto, e ci potrà assalire ancora la tentazione della noia. Ma tali pensieri non dovranno stupirci: tutte le situazioni sulla terra sono, in ultimo, anguste. Se però in queste situazioni sappiamo vedere Dio che squarcia il nostro cielo chiuso, allora niente ci potrà più opprimere.

Seconda Domenica di Avvento

Ricominciare dall'inizio

Marco 1,1-8

Inizio del vangelo di Gesù, Cristo, Figlio di Dio. Come sta scritto nel profeta Isaìa: «Ecco, dinanzi a te io mando il mio messaggero: egli preparerà la tua via. Voce di uno che grida nel deserto: Preparate la via del Signore, raddrizzate i suoi sentieri», vi fu Giovanni, che battezzava nel deserto e proclamava un battesimo di conversione per il perdono dei peccati. Accorrevano a lui tutta la regione della Giudea e tutti gli abitanti di Gerusalemme. E si facevano battezzare da lui nel fiume Giordano, confessando i loro peccati. Giovanni era vestito di peli di cammello, con una cintura di pelle attorno ai fianchi, e mangiava cavallette e miele selvatico. E proclamava: «Viene dopo di me colui che è più forte di me: io non sono degno di chinarmi per slegare i lacci dei suoi sandali. Io vi ho battezzato con acqua, ma egli vi battezzerà in Spirito Santo».

Inizio del Vangelo di Gesù, Cristo, figlio di Dio. Così comincia il Vangelo di Marco, come leggiamo nella liturgia di questa domenica.

Siamo tornati all'inizio. Il tempo di Avvento ci ha riportati all'inizio. Addirittura ci ha riportati al tempo della vigilia, ancor prima dell'inizio del Vangelo di Gesù, al tempo in cui egli era solo atteso, non presente, e neppure nato.

Siamo tornati all'inizio, proprio come accade nella nostra storia quotidiana, quando ci accorgiamo che nulla è definitivo e scontato, ma che continuamente dobbiamo ricominciare dall'inizio; soprattutto nel cammino della fede, che ci appare ogni volta precario ed incerto, ricerca di Dio sempre uguale ma anche sempre incompiuta.

A questo proposito, più di ottocento anni fa il santo monaco Bernardo scriveva al papa Eugenio: Forse tu avvertirai quasi un senso di nausea, se da capo torniamo a domandarci: ma chi è Dio? Troppe volte è già stata posta questa domanda e forse tu ormai dubiti che se ne possa trovare risposta.

È proprio vero, anche noi dubitiamo che si possa trovare risposta alle nostre domande su Dio; anche noi avvertiamo quasi un senso di nausea nel riprendere ogni anno da capo il Vangelo. Lo abbiamo già fatto tante volte: ma a che cosa è servito ripercorrere tante volte questo cammino? Quante volte ci siamo di nuovo disposti a pregare, ad invocare Dio, forse anche con desiderio e fiducia prima di cominciare: e poi ci siamo presto ritrovati stanchi e dubbiosi, dopo averci provato... Oppure, quante volte abbiamo del tutto rinunciato a incominciare, ormai rassegnati al dubbio che non si possa trovare risposta...

Eppure è necessario ritornare sempre all'inizio: nel cammino della fede come in ogni opera della nostra storia quotidiana. È necessario ritornare all'inizio, uscire dalla prigione delle nostre abitudini e dei nostri pregiudizi, dalla sicurezza delle cose note ed ovvie. È necessario uscire per ritornare all'inizio del Vangelo, là dove predicava Giovanni il Battista, là nel deserto, luogo senza città, senza civiltà, senza abitudini, luogo abitato soltanto dal silenzio.

Appunto il silenzio troviamo quando ritorniamo all'inizio, e dobbiamo ricominciare. Ridiventiamo un po' come i bambini, che non sanno parlare, e sono quindi obbligati anzitutto a guardare e ad ascoltare; soprattutto sono obbligati ad attendere dagli altri quello che serve alla loro vita, sono costretti a sperare che sia la premura degli altri a custodire la loro fragile esistenza.

Esattamente così accade a noi, quando ritorniamo all'inizio: nel cammino della fede come in ogni opera della nostra storia quotidiana. Ci riscopriamo muti ed inesperti come i bambini e ci ritroviamo allora bisognosi di invocare da capo che qualcuno si prenda cura di noi. Torna dunque spontanea quell'invocazione che ripetiamo nel salmo tra le letture: Mostraci, Signore, la tua misericordia.

Certo, come diceva il santo monaco Bernardo troppe volte è già stata posta questa domanda e forse tu ormai dubiti che se ne possa trovare risposta. Forse tu dubiti che davvero il Signore possa mostrare la sua misericordia, in questa tua vita così faticosa ed ingrata. E tuttavia abbi fiducia, aggiungeva ancora Bernardo: Dio è l'unico che è mai cercato inutilmente, anche se mai è trovato.

Abbi dunque fiducia, perché non è inutile la tua ricerca. Abbi fiducia, e ricomincia, perché - come diceva Giovanni il precursore - dopo viene uno che è più forte: più forte delle tue delusioni, dei tuoi insuccessi, delle tue paure. Abbi fiducia, e ricomincia: non lasciarti affannare da quella faccenda che oggi ti inquieta, da quella tristezza che oggi ti affligge, da quell'incomprensione che oggi ti offende. Abbi fiducia, e ricomincia, perché Lui sta per venire: se torni all'inizio, nel deserto, e fai un po' di silenzio, certamente ne sentirai la voce.

Terza Domenica di Avvento

Il mistero degli altri

Giovanni 1,6-8.19-28

Venne un uomo mandato da Dio: il suo nome era Giovanni. Egli venne come testimone per dare testimonianza alla luce, perché tutti credessero per mezzo di lui. Non era lui la luce, ma doveva dare testimonianza alla luce. Questa è la testimonianza di Giovanni, quando i Giudei gli inviarono da Gerusalemme sacerdoti e levìti a interrogarlo: «Tu, chi sei?». Egli confessò e non negò. Confessò: «Io non sono il Cristo». Allora gli chiesero: «Chi sei, dunque? Sei tu Elia?». «Non lo sono», disse. «Sei tu il profeta?». «No», rispose. Gli dissero allora: «Chi sei? Perché possiamo dare una risposta a coloro che ci hanno mandato. Che cosa dici di te stesso?». Rispose: «Io sono voce di uno che grida nel deserto: Rendete diritta la via del Signore, come disse il profeta Isaìa». Quelli che erano stati inviati venivano dai farisei. Essi lo interrogarono e gli dissero: «Perché dunque tu battezzi, se non sei il Cristo, né Elia, né il profeta?». Giovanni rispose loro: «Io battezzo nell'acqua. In mezzo a voi sta uno che voi non conoscete, colui che viene dopo di me: a lui io non sono degno di slegare il laccio del sandalo». Questo avvenne in Betània, al di là del Giordano, dove Giovanni stava battezzando.

C'è una certa stizza nelle ripetute domande che i sacerdoti, mandati dai farisei, fanno a Giovanni nel Vangelo di questa domenica. «Chi sei, dunque? Sei tu Elia? Sei tu il profeta? Chi sei? Che cosa dici di te stesso? Perché dunque tu battezzi?». Sono stizziti, i sacerdoti: essi vorrebbero subito definire e giudicare quello strano profeta che si agita e grida nel deserto al di là del Giordano; e sono dunque infastiditi dalle ripetute negazioni che Giovanni oppone alle loro domande.

A chi però lo interroga per giudicare, e non per apprendere, Giovanni non può rispondere diversamente: perché non si può descrivere la sua identità, finché si rimane nel repertorio delle cose note e ben definite. Giovanni è una voce («voce di uno che grida nel deserto...» – Gv 1,23): è una voce, un segno che rimanda oltre di sé; è un indice puntato sull'Altro, quello che viene dopo; è una via attraverso la quale si passa per arrivare altrove.

«Egli venne come testimone per dare testimonianza alla luce» – spiega l'evangelista nel prologo: «non era lui la luce, ma doveva dare testimonianza alla luce» (Gv 1,7-8). Giovanni è soltanto un testimone. E dunque chi vuole definirlo, chi vuole costringerlo a parlare di sé stesso, non può che rimanere deluso: egli non parla di sé, parla dell'Altro che viene dopo. Chi vuole solo giudicare i fatti, ma non è in alcun modo disposto a lasciarsi coinvolgere nei fatti, chi non accetta esortazioni, e tanto meno l'invito a preparare la via del Signore, avrà allora ineluttabilmente l'impressione che Giovanni sia come niente; oppure che sia uno che si nasconde, che si rifiuta di rispondere.

Appunto questa impressione riempie di stizza i sacerdoti. Per capirli meglio, forse dobbiamo confrontare la loro stizza con quella che noi stessi spesso proviamo, quando abbiamo l'impressione che gli altri – gli altri che incontriamo ogni giorno – sfuggano al nostro desiderio di conoscerli, di comprenderli, di definirne l'identità, e soprattutto di prevederne ogni possibile reazione. È questo un desiderio facile, che nasce in noi quasi inavvertito, prima ancora che ce ne rendiamo conto. È un desiderio di chiarezza e di sicurezza: perché, in fondo, ci inquieta che l'altro conservi un qualche margine di mistero.

Tale inquietudine, però, può essere anzitutto una risorsa. In fondo, la diversità misteriosa degli altri è la molla che ci fa uscire dalla nostra vita ripetitiva, e ci permette di rinascere, senza rassegnarci ai nostri limiti o fallimenti. Il mistero degli altri, seppure inquietante e, per certi versi, fastidioso, ci è necessario: se ci lasciamo interpellare potrà accadere anche per noi una nuova «rivelazione», come in quel tempo «avvenne in Betania, al di là del Giordano, dove Giovanni stava battezzando».

Quarta Domenica di Avvento

Se il Signore non costruisce la casa

Luca 1,26-38

In quel tempo, l'angelo Gabriele fu mandato da Dio in una città della Galilea, chiamata Nàzaret, a una vergine, promessa sposa di un uomo della casa di Davide, di nome Giuseppe. La vergine si chiamava Maria. Entrando da lei, disse: «Rallègrati, piena di grazia: il Signore è con te». A queste parole ella fu molto turbata e si domandava che senso avesse un saluto come questo. L'angelo le disse: «Non temere, Maria, perché hai trovato grazia presso Dio. Ed ecco, concepirai un figlio, lo darai alla luce e lo chiamerai Gesù. Sarà grande e verrà chiamato Figlio dell'Altissimo; il Signore Dio gli darà il trono di Davide suo padre e regnerà per sempre sulla casa di Giacobbe e il suo regno non avrà fine». Allora Maria disse all'angelo: «Come avverrà questo, poiché non conosco uomo?». Le rispose l'angelo: «Lo Spirito Santo scenderà su di te e la potenza dell'Altissimo ti coprirà con la sua ombra. Perciò colui che nascerà sarà santo e sarà chiamato Figlio di Dio. Ed ecco, Elisabetta, tua parente, nella sua vecchiaia ha concepito anch'essa un figlio e questo è il sesto mese per lei, che era detta sterile: nulla è impossibile a Dio». Allora Maria disse: «Ecco la serva del Signore: avvenga per me secondo la tua parola». E l'angelo si allontanò da lei.

Il Natale è ormai vicino: ancora qualche giorno, e finalmente ci ritroveremo insieme per festeggiare la nascita di Gesù. Avranno così anche fine i frenetici preparativi di queste ore: e sarà bello sedersi a tavola tranquilli, dopo una settimana passata di corsa a comprare regali per tutti e a fare le provviste per il pranzo natalizio.

Perché soprattutto questo è diventato per noi il Natale: una festa da passare in famiglia, in casa; e dunque una festa da preparare con cura, in tutti i suoi aspetti, affinché tutti possano davvero gustare la gioia e la sorpresa di un giorno così unico ed atteso.

In questo modo, il Natale diventa il simbolo di tutta la nostra vita; diventa l'immagine del nostro profondo desiderio di avere una casa dove stare bene, una famiglia dove ritrovare calore ed affetto, un focolare attorno a cui raccogliere i nostri giorni dispersi...

Tali sono i desideri che animano il Natale e tutta la nostra vita. E appunto simili a questi furono i desideri del re Davide, nella sua lunga e travagliata storia.

Lo vediamo nella prima lettura di questa domenica (2Sam 7,1-5.8-12.14.16). Davide, nella sua esistenza, ha molto combattuto, molto rischiato, molto faticato: desiderava una casa, per sé e per il suo popolo, un regno sicuro dove abitare nella prosperità e nella pace. E, quasi alla fine della sua vita, aveva ottenuto tutte queste cose. Ma in quel momento si accorge di una grossa dimenticanza. Si accorge, infatti, che Dio era rimasto fuori: lui, il re Davide, abitava in una bella casa di cedro; il suo popolo viveva in un regno stabile e ricco; ma il Signore Dio continuava ad abitare sotto una tenda, accampato come erano stati accampati tutti i figli di Israele nel deserto.

Davide avrebbe voluto rimediare, avrebbe voluto costruire subito un tempio per il Signore accanto alla sua casa. Ma ecco che Dio si oppone: egli non si accontenta di una casa «accanto» a quella di Davide; vuole invece una casa che sia «insieme» a quella di Davide; vuole cioè che la casa di Davide sia una casa nuova, una casa che non nasca più semplicemente dal desiderio e dall'impegno del re, ma che sia il frutto della benedizione divina. «Io – il Signore – assicurerò dopo di te la discendenza uscita dalle tue viscere; io renderò stabile il tuo Regno». Così appunto promette Dio a Davide, sconvolgendo tutti i suoi progetti.

Anche per Maria di Nazareth l'annuncio della promessa di Dio è, all'inizio, sorpresa sconvolgente. Anche lei aveva pensato di costruirsi una casetta, con Giuseppe. Ma l'angelo le annuncia un figlio, prima che conosca Giuseppe. E così appare chiaro che all'inizio di questa nuova casa non sta il desiderio di Maria e di Giuseppe – della donna e dell'uomo – ma all'inizio di questa nuova casa sta l'amore di Dio Padre: un amore che, alla fine, assegnerà una speranza e un significato anche al desiderio di Maria e di Giuseppe.

Risultano a questo punto evidenti le parole del salmo 127: «Se il Signore non costruisce la casa, invano vi faticano i costruttori». Sì, abbiamo sperimentato tutti – anche in questa attesa del Natale – quanto vane ed inutili siano a volte le nostre fatiche quotidiane; abbiamo avuto tutti esperienza di quanto arduo sia costruire da soli la nostra casa. Ci sembra di dover sempre ricominciare da capo, di dover sempre ricostruire dalle fondamenta: e il Natale diventa così il giorno dei sogni impossibili, il giorno in cui sperimentiamo un calore ed un affetto destinati presto a spegnersi.

Ma se lo vogliamo, possiamo uscire da questa inutile fatica della vita quotidiana; e possiamo dire come Maria: «Eccomi, sono la serva del Signore, avvenga di me secondo la tua parola» (Lc 1,38).

Natale del Signore - 25 dicembre

Con gli occhi di Giuseppe

Luca 2,1-14

In quei giorni un decreto di Cesare Augusto ordinò che si facesse il censimento di tutta la terra. Questo primo censimento fu fatto quando Quirinio era governatore della Siria. Tutti andavano a farsi censire, ciascuno nella propria città. Anche Giuseppe, dalla Galilea, dalla città di Nàzaret, salì in Giudea alla città di Davide chiamata Betlemme: egli apparteneva infatti alla casa e alla famiglia di Davide. Doveva farsi censire insieme a Maria, sua sposa, che era incinta. Mentre si trovavano in quel luogo, si compirono per lei i giorni del parto. Diede alla luce il suo figlio primogenito, lo avvolse in fasce e lo pose in una mangiatoia, perché per loro non c'era posto nell'alloggio. C'erano in quella regione alcuni pastori che, pernottando all'aperto, vegliavano tutta la notte facendo la guardia al loro gregge. Un angelo del Signore si presentò a loro e la gloria del Signore li avvolse di luce. Essi furono presi da grande timore, ma l'angelo disse loro: «Non temete: ecco, vi annuncio una grande gioia, che sarà di tutto il popolo: oggi, nella città di Davide, è nato per voi un Salvatore, che è Cristo Signore. Questo per voi il segno: troverete un bambino avvolto in fasce, adagiato in una mangiatoia». E subito apparve con l'angelo una moltitudine dell'esercito celeste, che lodava Dio e diceva: «Gloria a Dio nel più alto dei cieli e sulla terra pace agli uomini, che egli ama».

Con gli occhi di Giuseppe vogliamo vivere questa notte di Natale. «Anche Giuseppe, dalla Galilea, dalla città di Nazareth, salì in Giudea alla città di Davide chiamata Betlemme» (Lc 2,4).

Il Vangelo di Luca, la cui narrazione dell'infanzia di Gesù ha per protagonista Maria, dall'annunciazione a Nazareth allo smarrimento del figlio a Gerusalemme, pone singolarmente al centro del racconto della natività Giuseppe: di lui si dice che «salì in Giudea alla città di Davide chiamata Betlemme...; doveva farsi censire insieme a Maria, sua sposa, che era incinta» (Lc 2,4s.) È Giuseppe che prende l'iniziativa, e sale a Betlemme. Tale centralità di Giuseppe nella nascita di Gesù in un certo senso stride rispetto al personaggio: egli vorrebbe rimanersene un po' schivo in quella vicenda che lo sta rendendo padre suo malgrado; e tuttavia il decreto di Cesare Augusto che bandisce un censimento su base patriarcale lo obbliga ad agire per primo, essendo lui il pater familias: deve farsi censire nella città dei suoi padri, a Betlemme, insieme alla sua sposa.

Gli occhi di Giuseppe, nei giorni di Betlemme, sono preoccupati: è tutto esaurito, non c'è posto. La mancanza materiale di un luogo dove alloggiare diventa subito il segno di uno spaesamento più profondo: non solo «non c'è posto», Giuseppe si sente radicalmente «fuori posto». I suoi antenati sono di Betlemme, ma la sua casa è a Nazareth; Maria è la sua sposa, ma il figlio che porta nel grembo non è suo; al bambino che nasce egli deve dare un nome, ma non lo può scegliere, è già stabilito che si chiamerà Gesù. In quel tempo, nei giorni di Betlemme, Giuseppe fa l'esperienza che oggi, nei giorni di Natale, fanno i padri e le madri che si ritrovano a tavola con i figli ormai cresciuti: da una parte si sentono a casa, perché quella è la loro famiglia; allo stesso tempo, però, tutti avvertono una distanza, perché i genitori sono invecchiati e i figli hanno intrapreso strade diverse, al punto che non sempre è facile capirsi.

Preoccupati sono dunque gli occhi di Giuseppe: ma allo stesso tempo sono anche benevoli. Quando i pastori vengono per vedere quanto è successo, trovano «Maria e Giuseppe e il bambino, adagiato nella mangiatoia» (Lc 2,16). La scena idilliaca è quella rappresentata nei nostri presepi, dove dallo sguardo di Giuseppe traspare una tenerezza benevola che trasfigura ogni preoccupazione. Certo egli sa che quel figlio non è suo: e immagina che sarà causa di apprensioni, di notti passate in bianco, di lacrime versate in segreto. Eppure già aveva accettato di accoglierlo come suo figlio, rifiutando l'umano risentimento che gli suggeriva di ripudiare Maria, rimasta incinta non di lui prima che andassero a vivere insieme. La magnanimità di chi prova a riconoscere l'opera di Dio prevale sull'agitazione di chi è preoccupato per il proprio destino: gli occhi di Giuseppe sono benevoli come gli occhi di quei padri e di quelle madri che nei giorni di Natale guardano i figli cresciuti e li riconoscono figli pure quando non ne comprendono le scelte.

In tal senso gli occhi di Giuseppe, nei giorni di Betlemme, sono anche responsabili: guardando con benevolenza quel bambino inatteso egli diventa realmente padre, di una paternità che va al di là del semplice legame biologico perché nasce dal libero riconoscimento dell'opera sorprendente di Dio e dunque dalla libera scelta di custodire quella grazia che è il figlio. Giuseppe è il padre di Gesù non perché lo ha generato come figlio di Adamo, ma perché, assumendone la responsabilità paterna, lo ha riconosciuto come figlio di Dio. Così accada anche in questi giorni di Natale, ai padri e alle madri e ai figli che si ritrovano insieme: che ci riconosciamo come figli, in attesa che si compia la beata speranza e torni il nostro salvatore Gesù Cristo (cf. Tt 2,11-13). Amen.

Santa Famiglia - Prima Domenica dopo Natale

Famiglia e Natale

Luca 2,22-40

Quando furono compiuti i giorni della loro purificazione rituale, secondo la legge di Mosè, [Maria e Giuseppe] portarono il bambino [Gesù] a Gerusalemme per presentarlo al Signore – come è scritto nella legge del Signore: «Ogni maschio primogenito sarà sacro al Signore» – e per offrire in sacrificio una coppia di tortore o due giovani colombi, come prescrive la legge del Signore. Ora a Gerusalemme c'era un uomo di nome Simeone, uomo giusto e pio, che aspettava la consolazione d'Israele, e lo Spirito Santo era su di lui. Lo Spirito Santo gli aveva preannunciato che non avrebbe visto la morte senza prima aver veduto il Cristo del Signore. Mosso dallo Spirito, si recò al tempio e, mentre i genitori vi portavano il bambino Gesù per fare ciò che la Legge prescriveva a suo riguardo, anch'egli lo accolse tra le braccia e benedisse Dio, dicendo: «Ora puoi lasciare, o Signore, che il tuo servo vada in pace, secondo la tua parola, perché i miei occhi hanno visto la tua salvezza, preparata da te davanti a tutti i popoli: luce per rivelarti alle genti e gloria del tuo popolo, Israele». Il padre e la madre di Gesù si stupivano delle cose che si dicevano di lui. Simeone li benedisse e a Maria, sua madre, disse: «Ecco, egli è qui per la caduta e la risurrezione di molti in Israele e come segno di contraddizione – e anche a te una spada trafiggerà l'anima –, affinché siano svelati i pensieri di molti cuori». C'era anche una profetessa, Anna, figlia di Fanuèle, della tribù di Aser. Era molto avanzata in età, aveva vissuto con il marito sette anni dopo il suo matrimonio, era poi rimasta vedova e ora aveva ottantaquattro anni. Non si allontanava mai dal tempio, servendo Dio notte e giorno con digiuni e preghiere. Sopraggiunta in quel momento, si mise anche lei a lodare Dio e parlava del bambino a quanti aspettavano la redenzione di Gerusalemme. Quando ebbero adempiuto ogni cosa secondo la legge del Signore, fecero ritorno in Galilea, alla loro città di Nàzaret. Il bambino cresceva e si fortificava, pieno di sapienza, e la grazia di Dio era su di lui.

C'è un legame stretto tra famiglia e Natale. Lo abbiamo sperimentato in questi giorni, quando ci siamo ritrovati in famiglia per festeggiare.

Succede però sempre più spesso che tale legame si riveli come fragile e vulnerabile. Molte famiglie sono ferite dalla festa del Natale. Quel giorno riporta infatti il ricordo di tanti altri Natali più felici; e così esso, anziché essere giorno di festa, diventa giorno di malinconia e di rimpianto.

Molti sono i genitori feriti dalla festa di Natale: sono soprattutto i genitori degli adolescenti. Il Natale ripropone loro l'evidenza di un distacco. A volte, potrà trattarsi di un distacco anche esteriore nei confronti dei figli; ma in ogni caso, il distacco che ferisce è quello interiore. I figli formulano un augurio fuggitivo: magari anche appariscente, avvolto in molta carta dorata, e tuttavia affrettato e schivo. Debbono partire per la montagna. Oppure no, rimangono in città, ma appaiono così imbarazzati e refrattari ad ogni commozione e ad ogni segno di affetto. E così i genitori rimpiangono il tempo passato, quando i figli erano bambini, e il Natale sembrava più felice...

Ma anche questi figli sono feriti dal Natale, assai più di quanto non dichiarino o lascino trasparire. L'essere estranei alla gioia e alla pace di questa festa è per loro motivo di sofferenza: forse inespressa, inesprimibile, eppure vera. Anche i figli ricordano i Natali di un tempo, quando erano bambini e attendevano con trepidazione la notte santa: e si sentono incapaci di rivivere quell'attesa gioiosa...

Questa incapacità di figli e genitori nel mantenere viva l'attesa gioiosa del Natale assomiglia molto allo smarrimento di Abramo, che ci è stato descritto dalla prima lettura. Abramo era vecchio, e non aveva figli. Si ritrova così a vivere con la paura che la sua vita trascorra inutilmente: ha nostalgia degli anni passati, quando era più giovane, sente che quegli anni non possono più ritornare, e teme di chiudere gli occhi senza avere nessuno che si ricordi di lui.

Anche Maria e Giuseppe sono smarriti, nel brano di Vangelo che abbiamo ascoltato. «Il padre e la madre di Gesù si stupivano delle cose che si dicevano di lui». Soprattutto Maria e Giuseppe temono il loro futuro, così ricco di incognite e di rischi: intuiscono già, come dice il vecchio Simeone, che quel figlio sarà segno di contraddizione; e capiscono che anche la loro anima sarà come trafitta da una spada.

Eppure Maria e Giuseppe presentano quel figlio al tempio: sanno che Dio è fedele alle sue promesse. Così, d'altronde, fece anche Abramo, che offrì Isacco, il suo unico figlio, sapendo che Dio è capace di far risorgere anche dai morti. Maria, Giuseppe, Abramo offrono i loro figli a Dio, nella certezza che lui ricorda sempre la sua alleanza.

E allora anche oggi, perché il Natale possa ritornare ad essere la festa di ogni famiglia, occorre che i genitori si affrettino a presentare i figli al tempio. Se poi questi sono cresciuti, e al tempio non vogliono più venire, non si scoraggino: li portino ugualmente, mediante la loro preghiera e la loro fede, li pongano ugualmente nelle mani del Padre, e attendano da lui con fiducia una benedizione. Essa verrà certamente.

Madre di Dio - 1 gennaio

Un bambino è nato per noi, ci è stato dato un figlio

Luca 2,16-21

In quel tempo, [i pastori] andarono, senza indugio, e trovarono Maria e Giuseppe e il bambino, adagiato nella mangiatoia. E dopo averlo visto, riferirono ciò che del bambino era stato detto loro. Tutti quelli che udivano si stupirono delle cose dette loro dai pastori. Maria, da parte sua, custodiva tutte queste cose, meditandole nel suo cuore. I pastori se ne tornarono, glorificando e lodando Dio per tutto quello che avevano udito e visto, com'era stato detto loro. Quando furono compiuti gli otto giorni prescritti per la circoncisione, gli fu messo nome Gesù, come era stato chiamato dall'angelo prima che fosse concepito nel grembo.

«Un bambino è nato per noi, ci è stato dato un figlio».

Nell'ottavo giorno di Natale noi ancora cerchiamo risposte alle nostre attese. Avremmo bisogno, anzitutto, che qualcuno ci risvegliasse dal torpore dell'indifferenza e della noia che rende insensibili i nostri giorni. Avremmo bisogno poi che qualcuno ci spiegasse il senso di un'esistenza troppe volte incapace di mantenere le promesse iniziali. E avremmo bisogno anche che qualcuno ci illuminasse a proposito del bene e del male, della vita e della morte, della giustizia e del sopruso.

Tanti sono gli interrogativi che attraversano il nostro cuore, in questi giorni di festa, se soltanto siamo capaci di lasciarli venire a galla. Perché gli affetti più belli della vita devono essere consumati dal tempo? Perché la zizzania dell'invidia e della prevaricazione deve insidiare gli ambienti di lavoro? Come possiamo fare per non lasciarci travolgere dal cinismo dei nostri tempi frettolosi? Chi potrà liberarci dalla tirannia dei luoghi comuni e delle ideologie sterili?

Anche in quella notte, nella notte di Betlemme, Giuseppe e Maria cercavano risposte. Cercavano un riparo per far nascere dignitosamente il loro figlio primogenito. Ma insieme cercavano anche il senso di quella gravidanza inattesa, di quel figlio non previsto che aveva sconvolto i loro progetti. Che sarà mai questo bambino?

Le domande di Giuseppe e Maria si incrociano, in questi giorni, con gli interrogativi di oggi, che di nuovo ritornano a galla. Come possiamo essere fedeli e perseveranti in un tempo in cui tutto si consuma in fretta? Dove sta l'equilibrio tra il rispetto di ciascun individuo e la tutela del bene di tutti? Le domande rimangono sospese: in nessun caso vogliamo rassegnarci al facile relativismo di alcuni o al rigido integralismo di altri. Continuiamo invece a cercare risposte.

«Un bambino è nato per noi, ci è stato dato un figlio».

Sì, è proprio un bambino che ci suggerisce le risposte, nell'ottavo giorno di Natale. E ci libera in primo luogo dalla pretesa di avere risposte politicamente corrette e scientificamente rigorose. Perché così sono i bambini: spontanei, diretti, immediati, fantasiosi, creativi, a volte surreali. Essi non si preoccupano di essere politicamente corretti, di evitare le parole scomode, come facciamo noi adulti della società buonista e tollerante; e credono ancora alla visita di Babbo Natale o di Gesù Bambino, anche se non possono dimostrarne l'evidenza in modo scientifico, come vorrebbe la cultura moderna. Ma appunto: è davvero necessario pervenire sempre ad evidenze scientifiche? Ed è davvero indispensabile sterilizzare il linguaggio e le opinioni per il timore di scomodare le coscienze?

«Un bambino è nato per noi, ci è stato dato un figlio».

Il bambino di Betlemme non ci consegna oggi tutte le risposte che cerchiamo. Egli ci restituisce però la lingua dei bambini, attraverso cui potremo articolare giorno dopo giorno le risposte necessarie. Soprattutto ci riconsegna quella dignità di figli che vince la solitudine del moderno uomo autosufficiente. Non siamo soli davanti alle incognite della vita, nelle nostre fragilità affettive, nei dubbi della nostra coscienza, di fronte alla sofferenza e alla morte. Non siamo soli, ma siamo come bambini in braccio alla madre, secondo le parole del salmo 130: «Io resto quieto e sereno: come un bimbo svezzato in braccio a sua madre, come un bimbo svezzato è in me l'anima mia».

In braccio a sua madre è oggi il bambino di Betlemme: non piange più adesso, ma si lascia cullare da una dolce canzone. In lui ci riconosciamo, e anche noi oggi ci lasciamo cullare dalla tenerezza infinita di Dio.

Seconda Domenica dopo Natale

Vedere Dio

Giovanni 1,1-18

In principio era il Verbo, e il Verbo era presso Dio e il Verbo era Dio. Egli era, in principio, presso Dio: tutto è stato fatto per mezzo di lui e senza di lui nulla è stato fatto di ciò che esiste. In lui era la vita e la vita era la luce degli uomini; la luce splende nelle tenebre e le tenebre non l'hanno vinta. Venne un uomo mandato da Dio: il suo nome era Giovanni. Egli venne come testimone per dare testimonianza alla luce, perché tutti credessero per mezzo di lui. Non era lui la luce, ma doveva dare testimonianza alla luce. Veniva nel mondo la luce vera, quella che illumina ogni uomo. Era nel mondo e il mondo è stato fatto per mezzo di lui; eppure il mondo non lo ha riconosciuto. Venne fra i suoi, e i suoi non lo hanno accolto. A quanti però lo hanno accolto ha dato potere di diventare figli di Dio: a quelli che credono nel suo nome, i quali, non da sangue né da volere di carne né da volere di uomo, ma da Dio sono stati generati. E il Verbo si fece carne e venne ad abitare in mezzo a noi; e noi abbiamo contemplato la sua gloria, gloria come del Figlio unigenito che viene dal Padre, pieno di grazia e di verità. Giovanni gli dà testimonianza e proclama: «Era di lui che io dissi: Colui che viene dopo di me è avanti a me, perché era prima di me». Dalla sua pienezza noi tutti abbiamo ricevuto: grazia su grazia. Perché la Legge fu data per mezzo di Mosè, la grazia e la verità vennero per mezzo di Gesù Cristo. Dio, nessuno lo ha mai visto: il Figlio unigenito, che è Dio ed è nel seno del Padre, è lui che lo ha rivelato.

Buon Natale.

Quante volte negli ultimi giorni abbiamo pronunciato queste parole, quante volte le abbiamo scritte. E spesso le abbiamo sentite consumate, vuote, inconsistenti, quasi inutili. A volte ci siamo quasi vergognati di usare e abusare di questo augurio. Buon Natale.

Già, che cosa vuol dire «buon Natale»? Abbiamo atteso tanto questa festa; se non altro, l'abbiamo attesa insieme ai nostri bambini, che già da diverse settimane ne respiravano l'aria. Abbiamo atteso giorni che fossero di festa, da passare in famiglia, senza le solite preoccupazioni, mettendo da parte il lavoro e le fatiche di ogni giorno; giorni diversi da tutti gli altri, immersi in una particolare atmosfera, fatta di musica, di luci, di colori;

giorni in cui scambiarci affetto e amore anche attraverso i regali. Eppure ci siamo accorti che tutto questo non basta per rendere davvero buono il Natale.

Forse ci siamo preparati a questi giorni con qualche gesto concreto di solidarietà, con qualche rinnovata attenzione agli altri: magari ci siamo riconciliati con un fratello; oppure abbiamo perdonato qualcuno; o ancora abbiamo aiutato un povero in difficoltà. Ma ci siamo accorti che anche tutto questo non basta per rendere davvero buono il Natale.

Certamente abbiamo trascorso queste giornate diversamente: il tram-tram quotidiano si è fermato, o è stato un tram-tram differente dagli altri giorni; anche chi, per un motivo o per l'altro, ha dovuto lavorare si è accorto che non erano giornate come le altre. Eppure anche questo non basta per rendere davvero buono il Natale.

Tutto questo non basta; non perché la festa che abbiamo vissuto sia poco importante, ma perché ormai è finita; e se nei prossimi giorni avremo ancora altre occasioni di festa, tuttavia presto, molto presto arriveremo all'Epifania, che, come si sa, tutte le feste porta via. E allora? E allora come potrebbe essere il Natale per essere ancora più buono, davvero buono?

Ci può aiutare a rispondere il prologo del Vangelo di Giovanni che abbiamo ascoltato. Soprattutto ci può aiutare la conclusione di quella pagina: «Dio nessuno l'ha mai visto: proprio il Figlio unigenito, che è nel seno del Padre, lui lo ha rivelato».

Ecco sta tutto qui il «buono» del Natale: in questi giorni abbiamo potuto vedere Dio.

Vedere Dio non significa avere la teste nelle nuvole. Vedere Dio significa prorompere in canti di gioia, come diceva il profeta Isaia; significa trovare la gioia vera, che è pienezza di vita; significa imparare a vivere oggi in questa complicata vita; significa scoprire che noi possiamo davvero essere belli e buoni, come in fondo desideriamo.

Vedere Dio significa imparare a vivere. E tutto questo è possibile perché il Figlio unigenito, Gesù, ci ha rivelato il volto di Dio. Da soli non saremmo stati capaci di vedere Dio. In Gesù di Nazareth invece lo possiamo vedere: e questo ci basta per avere una vita finalmente buona.

Certo, rimane il dubbio, la fatica, la trepidazione, perché è tanto facile sentire lontano questo annuncio del Natale. Eppure possiamo sperare: il bambino di Betlemme è fragile, come la nostra fede, come la nostra vita; eppure quel Bambino è carico di promesse. Aprire il cuore a quelle promesse è il primo passo per avere la gioia che cerchiamo. E così questo Natale sarà davvero buono: anche se le giornate di festa sono ormai alla fine.

Epifania del Signore - 6 gennaio

Gioia

Matteo 2,1-12

Nato Gesù a Betlemme di Giudea, al tempo del re Erode, ecco, alcuni Magi vennero da oriente a Gerusalemme e dicevano: «Dov'è colui che è nato, il re dei Giudei? Abbiamo visto spuntare la sua stella e siamo venuti ad adorarlo». All'udire questo, il re Erode restò turbato e con lui tutta Gerusalemme. Riuniti tutti i capi dei sacerdoti e gli scribi del popolo, si informava da loro sul luogo in cui doveva nascere il Cristo. Gli risposero: «A Betlemme di Giudea, perché così è scritto per mezzo del profeta: "E tu, Betlemme, terra di Giuda, non sei davvero l'ultima delle città principali di Giuda: da te infatti uscirà un capo che sarà il pastore del mio popolo, Israele"». Allora Erode, chiamati segretamente i Magi, si fece dire da loro con esattezza il tempo in cui era apparsa la stella e li inviò a Betlemme dicendo: «Andate e informatevi accuratamente sul bambino e, quando l'avrete trovato, fatemelo sapere, perché anch'io venga ad adorarlo». Udito il re, essi partirono. Ed ecco, la stella, che avevano visto spuntare, li precedeva, finché giunse e si fermò sopra il luogo dove si trovava il bambino. Al vedere la stella, provarono una gioia grandissima. Entrati nella casa, videro il bambino con Maria sua madre, si prostrarono e lo adorarono. Poi aprirono i loro scrigni e gli offrirono in dono oro, incenso e mirra. Avvertiti in sogno di non tornare da Erode, per un'altra strada fecero ritorno al loro paese.

Mai una gioia.

Con questa espressione, oggi diventata comune non solo tra i giovanissimi e non solo sui *social*, fotografiamo a volte la nostra vita. Mai una gioia. Perché troppe volte abbiamo fatto esperienza di quanto precaria sia la gioia nelle nostre giornate: c'è sempre un imprevisto che si mette di traverso, ed è difficile che nello stesso periodo tutto vada per il verso giusto in ogni ambito, nel lavoro, nella vita affettiva, nella salute e nel contesto sociale. Per cui ci rassegniamo al fatto che la gioia, intesa come assenza di preoccupazioni e di incidenti, non esista: mai una gioia.

«*Gaudete in Domino semper*».

«Gioite nel Signore sempre». Così iniziava la liturgia romana della terza domenica di Avvento, introducendoci alla gioia del Natale che oggi culmina nell'Epifania del Signore. L'antifona d'ingresso latina, mutuata dalle parole dell'apostolo Paolo ai Filippesi

(Fil 4,4-7), ha dato il nome a quel giorno, chiamato appunto «domenica in *gaudete*». *Gaudete in Domino semper:* «siate sempre lieti nel Signore, ve lo ripeto: siate lieti. La vostra amabilità sia nota a tutti. Il Signore è vicino». Qui siamo esattamente agli antipodi rispetto all'espressione corrente «mai una gioia»: addirittura c'è l'imperativo di essere sempre nella gioia. Come se si potesse gioire a comando!

La perplessità che suscitarono in noi le parole dell'apostolo, nella terza domenica di Avvento, ritorna oggi, ascoltando le parole del profeta Isaia, nella prima lettura (Is 60,1-6): «Allora guarderai e sarai raggiante, palpiterà e si dilaterà il tuo cuore, perché l'abbondanza del mare si riverserà su di te, verrà a te la ricchezza delle genti». Ascoltiamo questa profezia di una gioia incontenibile con la segreta convinzione di essere davanti a parole tanto belle quanto impossibili.

E allora «che cosa dobbiamo fare?». Dobbiamo rassegnarci alla realtà che ci fa dire sconsolati «mai una gioia»? O dobbiamo illuderci come avviene nel periodo delle feste, quando tra regali e banchetti rischiamo di fingerci più felici, e magari anche più buoni, senza esserlo davvero?

«Che cosa dobbiamo fare?». Ci guidano, nella risposta a questo interrogativo, i Magi dell'Oriente che alla fine del loro cammino «provarono una grandissima gioia»: essi arrivarono là non perché furono esentati da ogni apprensione ma perché continuarono a camminare anche quando la stella si era eclissata. I Magi non sperimentarono la gioia nel vano inseguimento di un mondo migliore, ma nella fedeltà quotidiana al cammino intrapreso.

È la stessa verità che impariamo pure noi nelle feste natalizie. Se aspettiamo la condizione ideale per essere nella gioia, se attendiamo che tutto vada bene in ogni ambito, nel lavoro, nella vita affettiva, nella salute e nel contesto sociale, saremo sempre insoddisfatti ed infelici. Abbiamo invece la possibilità di riconoscere che oggi, nonostante i limiti della nostra vita, «il Signore è vicino». E dunque nessun condizionamento, nessun pregiudizio, nessuna malattia, nessuna paura potrà rubare la gioia dal nostro cuore.

Ma noi ci crediamo che «il Signore è vicino»? Oppure ci ostiniamo a voler essere felici da soli?

Battesimo del Signore - Prima Domenica dopo l'Epifania

Figli adesso

Marco 1,7-11

In quel tempo, Giovanni proclamava: «Viene dopo di me colui che è più forte di me: io non sono degno di chinarmi per slegare i lacci dei suoi sandali. Io vi ho battezzato con acqua, ma egli vi battezzerà in Spirito Santo». Ed ecco, in quei giorni, Gesù venne da Nàzaret di Galilea e fu battezzato nel Giordano da Giovanni. E, subito, uscendo dall'acqua, vide squarciarsi i cieli e lo Spirito discendere verso di lui come una colomba. E venne una voce dal cielo: «Tu sei il Figlio mio, l'amato: in te ho posto il mio compiacimento».

«In quei giorni Gesù venne da Nazareth di Galilea e fu battezzato nel Giordano da Giovanni» (Mc 1,9).

Inizia così la vita pubblica di Gesù: senza splendore, senza gloria, senza nome. Addirittura, Gesù viene a quel battesimo di penitenza senza storia: senza una storia personale che meriti di essere proclamata. Viene con la storia di tutti: trent'anni di vita in famiglia, riempita da molte ore di lavoro, dalle consuete occupazioni quotidiane, dalla comune fede dei padri.

Certo, la sua nascita era stata accompagnata da alcuni segni misteriosi: ma ormai erano stati dimenticati, avvolti dallo scetticismo e dalla disillusione del tempo che passa. Soltanto la madre non aveva dimenticato quei segni, e ancora attendeva di capire: ma Gesù ora si era allontanato da lei, per iniziare la sua missione. E così, presso il Giordano, egli è davvero l'uomo comune, l'uomo la cui esistenza assomiglia tanto alla ripetizione uguale di un destino che è di tutti.

Accade anche a noi, spesso, di trovarci in questa condizione. Anche noi, infatti, sentiamo tanto comune e ordinaria la nostra vita quotidiana: il nostro destino ci appare, di solito, scontato e prevedibile. Vorremmo allora quasi fuggire da questo destino comune, vorremmo liberarci dalla banale mediocrità di ogni giorno, e magari sogniamo una vita diversa, con amici diversi, in un mondo diverso. Ci succede così di ripetere sovente, almeno con il cuore, la preghiera del salmo 54: «Chi mi darà ali come di colomba, per volare e trovare riposo?». Chi farà spiccare il volo a questa nostra piatta esistenza? Chi ci libererà da questa vita così comune e anche così cattiva, ridando finalmente riposo e dignità ai nostri giorni?

Pressappoco questo noi pensiamo, davanti al nostro quotidiano destino. E dunque ci colpisce l'immagine di Gesù che si mette in fila con i suoi comuni fratelli per ricevere quel comune battesimo di penitenza. Quest'uomo non afferma la propria dignità proclamandola, ma ignorandola del tutto, e lasciando che un Altro – Dio stesso – se ne occupi per lui. Egli non afferma la propria innocenza separandosi dai comuni peccatori, ma sentendo compassione per i peccatori, sentendo il loro comune peccato come realtà che lo riguarda, che pesa sulle sue stesse spalle.

Senza paura, dunque, Gesù si immerse nel comune destino dei suoi fratelli. E appunto per questo – per non aver temuto questa mescolanza con tutti, per aver anzi amato questa solidarietà con tutti – appunto per questo Gesù meritò di vedere i cieli aperti e lo Spirito discendere su di lui; soprattutto meritò di udire quella voce dal cielo che diceva il suo nome, quella voce che lo riconosceva quale Figlio: «Tu sei il Figlio mio, l'amato» (Mc 1,11).

Appunto quella voce è rivolta anche a noi: a partire dal giorno del nostro battesimo, fino ad oggi. «Tu sei il Figlio mio, l'amato». E allora abbandoniamo il nostro disgusto nei confronti del comune destino che ci aspetta; dimentichiamo i nostri sogni di mondi diversi e migliori: solo in questa nostra vita comune e a volte anche banale, solo qui, mescolati ai nostri fratelli peccatori, Dio potrà riconoscerci come figli adesso – e potrà chiamarci per nome.

Quaresima e Pasqua

Prima Domenica di Quaresima

Per mettere alla prova al cuore

Marco 1,12-15

In quel tempo, lo Spirito sospinse Gesù nel deserto e nel deserto rimase quaranta giorni, tentato da Satana. Stava con le bestie selvatiche e gli angeli lo servivano. Dopo che Giovanni fu arrestato, Gesù andò nella Galilea, proclamando il vangelo di Dio, e diceva: «Il tempo è compiuto e il regno di Dio è vicino; convertitevi e credete nel Vangelo».

È davvero breve il Vangelo di questa domenica. Eppure quanto qui si dice in due sole righe è per noi essenziale: infatti in quei quaranta giorni di Gesù nel deserto noi possiamo trovare il senso della Quaresima che abbiamo da poco iniziato.

Ma come fare a renderle parlanti, quelle due righe? Qui – come sempre – il Vangelo per essere inteso esige il ricordo di tutta la storia di Israele. E dunque a questa storia ci rivolgiamo per entrare nella scena raccontataci da Marco.

È scritto nel Deuteronomio: «Ricordati di tutto il cammino che il Signore tuo Dio ti ha fatto percorrere in questi quarant'anni nel deserto, per umiliarti e metterti alla prova, per sapere quello che avevi nel cuore, se tu avresti osservato o no i suoi comandi» (8,2). Qui si parla di prova, nel Vangelo si dice tentazione: è la stessa cosa. Ma perché la prova? A che serve la tentazione? La risposta è chiara: per scoprire quello che l'uomo ha nel cuore.

Ma possibile che Dio abbia bisogno di mettere alla prova l'uomo per sapere quello che ha nel cuore? No, certo non è possibile. Il Vangelo infatti – più chiaro del Deuteronomio – dice che è satana a tentare. E ancor più esplicitamente Giacomo nella sua lettera dirà: Nessuno, quando è tentato, dica: «Sono tentato da Dio»; perché Dio... non tenta nessuno. Ciascuno piuttosto è tentato dalle proprie passioni, che lo attraggono e lo seducono. Dunque non Dio mette alla prova l'uomo, ma il desiderio cattivo, quel desiderio incontrollabile che induce l'uomo a farsi giudice del bene e del male, e lo spinge a non fidarsi del comandamento di Dio.

Appunto questo desiderio incontrollabile è la tentazione che insidia ogni giorno la nostra vita, mettendo in luce quello che abbiamo nel cuore. Accadde già al primo uomo,

Adamo, come leggiamo nel racconto delle origini: la prova del serpente rivelò che nel cuore egli non aveva la fiducia in Dio, ma soltanto sospetti e paure. E così succede anche a noi: le prove che ogni giorno la vita ci riserva svelano la nostra poca fede e mettono in luce ambiguità e debolezze.

Oggi però noi facilmente fuggiamo dalle nostre prove, e addirittura non siamo quasi più capaci di riconoscere le nostre tentazioni: velocemente giustifichiamo ogni cosa, lasciandoci avvolgere dalla superficialità di questo nostro tempo frenetico. Ma in realtà noi facciamo così perché abbiamo paura di svelare quello che c'è nei nostri cuori: preferiamo non sapere e arrivare in maniera tranquilla - quasi incosciente - al termine dei nostri giorni.

Non così fece Gesù, nei giorni della sua vita terrena: sospinto dallo Spirito nel deserto egli affrontò per quaranta giorni la prova, e mostrò in tal modo la fiducia del suo cuore di Figlio, quella fiducia che gli permetterà poi di vivere e morire nella speranza.

Ora anche tu, che hai iniziato il tempo di Quaresima, anche tu puoi affrontare la prova del deserto. Finché mille presenze ti circondano, mille voci ti risuonano dentro, mille pene ti commuovono, mille ostacoli ti irritano...; finché mille cose da fare ti inquietano, tu non sai che cosa c'è nel tuo cuore: nella confusione quotidiana, tu facilmente ti illudi, così come facilmente ti scoraggi e hai paura di te stesso. Per mettere alla prova il tuo cuore – e quindi purificarlo, ritrovando quella fiducia di figlio che a te manca – devi lasciarti sospingere dallo Spirito nel deserto: cioè devi fare silenzio nei tuoi giorni, guardando finalmente in faccia la tua esistenza; devi fermare il fluire inconsapevole del tempo, ritrovando il senso e la verità delle tue opere quotidiane.

Proprio questo è il programma della Quaresima: non sprecarlo, è in gioco la tua vita.

Seconda Domenica di Quaresima

La gioia e lo spavento

Marco 9,2-10

In quel tempo, Gesù prese con sé Pietro, Giacomo e Giovanni e li condusse su un alto monte, in disparte, loro soli. Fu trasfigurato davanti a loro e le sue vesti divennero splendenti, bianchissime: nessun lavandaio sulla terra potrebbe renderle così bianche. E apparve loro Elia con Mosè e conversavano con Gesù. Prendendo la parola, Pietro disse a Gesù: «Rabbì, è bello per noi essere qui; facciamo tre capanne, una per te, una per Mosè e una per Elia». Non sapeva infatti che cosa dire, perché erano spaventati. Venne una nube che li coprì con la sua ombra e dalla nube uscì una voce: «Questi è il Figlio mio, l'amato: ascoltatelo!». E improvvisamente, guardandosi attorno, non videro più nessuno, se non Gesù solo, con loro. Mentre scendevano dal monte, ordinò loro di non raccontare ad alcuno ciò che avevano visto, se non dopo che il Figlio dell'uomo fosse risorto dai morti. Ed essi tennero fra loro la cosa, chiedendosi che cosa volesse dire risorgere dai morti.

È sempre affascinante la storia di Abramo, questo nomade coraggioso che più di quattromila anni fa prese dimora in quelle terre che oggi chiamiamo Israele. Abramo soffrì molto nella sua vita: ma ebbe anche molte gioie; soprattutto ebbe la gioia di diventare padre a cento anni, quando ormai stava per smarrire ogni speranza. Tuttavia quella non fu una gioia facile: perché quel figlio tanto atteso e cercato rimaneva pur sempre un figlio precario, un figlio che si era ricevuto ma che si poteva anche perdere. E dunque la gioia di Abramo rimaneva inesorabilmente legata allo spavento: appunto quello spavento che prende Abramo nel racconto della prima lettura di domenica (Gn 22,1-2.9.10-13.15-18), quando capisce che deve in qualche modo offrire il suo unico figlio al Signore.

Gioia e spavento stanno quindi insieme nella storia di Abramo. Ma – se ci pensiamo bene – anche nella nostra vita succede sempre che la gioia sia accompagnata dallo spavento. Infatti noi vediamo subito la fragilità delle nostre gioie: perché sappiamo di non poterle trattenere a lungo; e di conseguenza ci spaventiamo, spinti dal desiderio impossibile di fermare quell'attimo, di trattenere quella sorpresa, interrompendo il cammino ordinario.

Accadde anche quel giorno a Pietro, Giacomo e Giovanni, quando sul monte alto sperimentarono la bellezza del Vangelo di Gesù. La gioia era grande: «Rabbì, è bello per noi essere qui»; ma l'evangelista annota che era grande pure lo spavento: perché in cuor loro i tre discepoli già temevano di tornare alle solite faccende, smarrendo lo splendore di quell'esperienza. Avrebbero dunque voluto rimanere per sempre sul monte, soli con il loro Signore.

Una simile tentazione non era certo nuova: già Mosè ed Elia avevano dovuto attraversarla. Infatti anche Mosè – stufo del suo popolo ribelle – avrebbe voluto finire i suoi giorni sul monte Sinai; Elia poi fin dall'inizio era salito sul medesimo monte per fuggire da un popolo che non sopportava le sue parole.

Dunque la tentazione che i tre discepoli sperimentano sul monte non è nuova. Ma Gesù la respinge con forza: «Mentre scendevano dal monte, ordinò loro di non raccontare ad alcuno ciò che avevano visto...». Dal monte bisogna discendere: e non si deve raccontare nulla fino a quando tutto si sia compiuto. Quello sul monte era soltanto un segno: un segno come i miracoli operati da Gesù; un segno che non interrompe il cammino, ma che incoraggia a proseguire.

Così accade anche per le gioie che la vita ci riserva: sono soltanto segni, presagio di quella gioia piena che verrà quando tutto si sia compiuto. E se lo spavento ci blocca, se prevale la paura di un futuro che rimane imprevedibile, ripensiamo per un attimo alla storia di Abramo: egli temeva di perdere quel figlio tanto atteso, e tuttavia si mise in viaggio sperando contro ogni speranza; alla fine quel figlio non lo perse, anzi lo ritrovò come benedizione eterna.

Anche noi dunque in questa Quaresima ci mettiamo in viaggio, come Abramo: e ci incamminiamo con fiducia, sicuri che verrà la Pasqua del Signore e finalmente darà compimento alla nostra fragile gioia.

Terza Domenica di Quaresima

Un rito per rendere diversi i giorni

Giovanni 2,13-25

Si avvicinava la Pasqua dei Giudei e Gesù salì a Gerusalemme. Trovò nel tempio gente che vendeva buoi, pecore e colombe e, là seduti, i cambiamonete. Allora fece una frusta di cordicelle e scacciò tutti fuori del tempio, con le pecore e i buoi; gettò a terra il denaro dei cambiamonete e ne rovesciò i banchi, e ai venditori di colombe disse: «Portate via di qui queste cose e non fate della casa del Padre mio un mercato!». I suoi discepoli si ricordarono che sta scritto: «Lo zelo per la tua casa mi divorerà». Allora i Giudei presero la parola e gli dissero: «Quale segno ci mostri per fare queste cose?». Rispose loro Gesù: «Distruggete questo tempio e in tre giorni lo farò risorgere». Gli dissero allora i Giudei: «Questo tempio è stato costruito in quarantasei anni e tu in tre giorni lo farai risorgere?». Ma egli parlava del tempio del suo corpo. Quando poi fu risuscitato dai morti, i suoi discepoli si ricordarono che aveva detto questo e credettero alla Scrittura e alla parola detta da Gesù. Mentre era a Gerusalemme per la Pasqua, durante la festa, molti, vedendo i segni che egli compiva, credettero nel suo nome. Ma lui, Gesù, non si fidava di loro, perché conosceva tutti e non aveva bisogno che alcuno desse testimonianza sull'uomo. Egli infatti conosceva quello che c'è nell'uomo.

«Che cos'è un rito? – disse il piccolo principe. Anche questa è una cosa da tempo dimenticata – disse la volpe. Un rito è quello che fa un giorno diverso dagli altri giorni, un'ora diversa dalle altre ore. C'è un rito, per esempio, presso i miei cacciatori. Il giovedì ballano con le ragazze del villaggio. Allora il giovedì è un giorno meraviglioso! Io mi spingo sino alla vigna. Se i cacciatori ballassero in un giorno qualsiasi, i giorni si assomiglierebbero tutti, e non avrei mai vacanza».

Mi sembrano suggestive queste parole tratte da Il Piccolo Principe, celebre racconto del francese Antoine de Saint-Exupérie: suggestive perché ci aiutano a capire meglio il rito che ogni domenica i cristiani compiono nelle chiese: e che in questo tempo di Quaresima assume un'importanza particolare.

Appunto un rito è la celebrazione domenicale dell'Eucaristia. Ma che cos'è un rito? Un rito – diceva la volpe – «è quello che fa un giorno diverso dagli altri giorni, un'ora diversa dalle altre ore». Perché è vero, si assomigliano tutti i nostri giorni: si assomigliano talmente che a volte noi siamo stanchi di questo nostro tempo sempre uguale. Accade infatti che la banalità della vita quotidiana spenga anche i sentimenti più grandi, riducendo alla fine ogni desiderio a cosa nota e scontata. Abbiamo allora bisogno di riti: abbiamo bisogno di giorni speciali che fermino questo tempo così uguale e ci facciano ritrovare la freschezza degli inizi.

Proprio così – speciale – è la domenica per i cristiani: è il giorno del Signore, la Pasqua della settimana. È il giorno in cui i credenti si radunano per compiere un rito – il rito domenicale dell'Eucaristia – e in tal modo scongiurare l'inevitabile logorarsi del tempo, dando radici e consistenza a tutti gli altri giorni.

Certo, il rito non è qualcosa di magico che ci garantisce dagli imprevisti del futuro: non è un porta-fortuna che possiamo acquistare e usare secondo le necessità. Così rischiava di intendere il rito quella gente che Gesù trovò nel tempio, secondo il racconto del Vangelo di questa domenica: compravano e vendevano, quasi che bastasse quel commercio per invocare il favore di Dio. In realtà, quella gente compiva un rito vuoto, fatto soltanto di esteriorità e di ricchezza, un rito meccanico, che non aveva bisogno di Dio per funzionare, e assomigliava terribilmente ai traffici di tutti gli altri giorni: il tempio era diventato «un mercato», e non era più la «casa del Padre».

Eppure soltanto con Dio funzionano i nostri riti: soltanto grazie al suo Spirito i riti possono scongiurare l'inevitabile logorarsi del tempo, dando radici e consistenza ai nostri giorni. Infatti attraverso il rito noi ricordiamo che è Dio il Signore della nostra vita, come dice il libro dell'Esodo nella prima lettura di domenica (Es 20,1-17): è lui che ci ha liberati «dalla condizione servile», da quelle schiavitù che sempre sono in agguato; è sempre lui che ci «dimostra la sua bontà fino a mille generazioni», liberandoci dalla tristezza del tempo che fugge; ed è ancora lui che orienta i nostri passi incerti, donandoci quella speranza che abbiamo smarrito.

Proprio con questo nostro Dio noi compiamo il rito domenicale dell'Eucaristia. In tal modo la domenica diventa per noi un giorno di festa, un giorno diverso dagli altri giorni. Ma non perché di domenica accada qualcosa di straordinario; non perché scompaiano le paure e le sofferenze di sempre. La domenica diventa per noi un giorno di festa perché di domenica noi impariamo a riconoscere in tutti i nostri giorni i segni benedizione di Dio: appunto come fecero quei contemporanei di Gesù che «vedendo i segni che egli compiva, credettero nel suo nome» (Gv 2,23).

Questa benedizione certo non ci abbandonerà mai: e – se lo vorremo – questa benedizione renderà diverse anche quelle ore sempre uguali che ancora ci attendono.

Quarta Domenica di Quaresima

Da spettatori a protagonisti

Giovanni 3,14-21

In quel tempo, Gesù disse a Nicodèmo: «Come Mosè innalzò il serpente nel deserto, così bisogna che sia innalzato il Figlio dell'uomo, perché chiunque crede in lui abbia la vita eterna. Dio infatti ha tanto amato il mondo da dare il Figlio unigenito perché chiunque crede in lui non vada perduto, ma abbia la vita eterna. Dio, infatti, non ha mandato il Figlio nel mondo per condannare il mondo, ma perché il mondo sia salvato per mezzo di lui. Chi crede in lui non è condannato; ma chi non crede è già stato condannato, perché non ha creduto nel nome dell'unigenito Figlio di Dio. E il giudizio è questo: la luce è venuta nel mondo, ma gli uomini hanno amato più le tenebre che la luce, perché le loro opere erano malvagie. Chiunque infatti fa il male, odia la luce, e non viene alla luce perché le sue opere non vengano riprovate. Invece chi fa la verità viene verso la luce, perché appaia chiaramente che le sue opere sono state fatte in Dio».

È un personaggio curioso questo Nicodemo che incontriamo nel Vangelo di domenica. Nicodemo era un fariseo – un israelita pieno di fede e di zelo – che era stato affascinato dalla parola di Gesù, ma che aveva paura di manifestare pubblicamente la sua simpatia nei confronti del Maestro di Nazareth. Per questo andava da Gesù di notte, quasi in modo furtivo, come racconta il Vangelo di Giovanni: Nicodemo desiderava ascoltare la sua parola, e però non voleva compromettersi, non voleva rischiare la sua buona fama.

È appunto curioso questo personaggio: curioso perché ci assomiglia. Infatti anche noi sperimentiamo ogni giorno l'indecisione di Nicodemo: e ci ritroviamo come lui alle prese con i nostri dubbi e con le nostre incertezze, radicalmente indecisi su che cosa sia giusto e conveniente fare.

Ci accade un po' come succede allo spettatore televisivo che rimane disorientato davanti alla quantità impressionante di notizie anche contraddittorie che la televisione gli riversa in casa. Egli decide allora – seppure inconsciamente – di non lasciarsi coinvolgere troppo dalla cronaca televisiva: vi assiste dal di fuori, e magari salta con il telecomando da un canale all'altro, oppure mentre «guarda» la televisione maneggia anche lo *smarphone*.

Esattamente così facciamo noi nella vita di ogni giorno: spesso viviamo da spettatori, a volte incuriositi dalle sorprese che la vita ci riserva, altre volte spaventati dalle prove che incontriamo sul nostro cammino, ma non sempre capaci di percorre una strada fino in fondo, decidendo noi stessi in una direzione o in un'altra. Preferiamo piuttosto rimanere alla finestra, senza comprometterci troppo. Ci accorgiamo però che questa radicale indecisione è anche la nostra rovina. Se ne accorsero già gli Israeliti, come leggiamo nella prima lettura di questa domenica (2Cr 36,14-16.19-23): essi avevano perso il loro entusiasmo per il Signore, ed avevano moltiplicato le loro infedeltà; la fede unanime professata sul monte Sinai era ormai stata sostituita da una diffusa indifferenza. Successe così che i nemici «incendiarono il tempio, demolirono le mura di Gerusalemme e diedero alle fiamme tutti i suoi palazzi» (2Cr 36,19). Venne la rovina per Israele, perché gli Israeliti avevano smarrito la decisione di un tempo, preferendo le tenebre dell'indifferenza quotidiana. Avvenne appunto quello che Gesù dice nel Vangelo: «la luce è venuta nel mondo, ma gli uomini hanno preferito le tenebre alla luce» (Gv 3,19). Avvenne allora, per gli Israeliti; e avviene ancora oggi, nelle nostre croniche incertezze.

Dunque sappiamo che la nostra radicale indecisione è anche la nostra rovina; e tuttavia non abbiamo il coraggio di metterci in gioco: proprio come faceva Nicodemo quando andava da Gesù di notte.

Nicodemo però alla fine riuscì a decidersi. Lo stesso Vangelo di Giovanni racconta infatti che alla sepoltura di Gesù «vi andò anche Nicodemo, quello che in precedenza era andato da lui di notte» (Gv 19,39). Nicodemo dunque alla fine uscì allo scoperto: e lo fece perché aveva visto il coraggio di Gesù sulla croce, il quale era morto abbandonandosi nelle mani del Padre. Proprio davanti alla croce Nicodemo si decise ad uscire dalle tenebre della sua indifferenza. E così in quel momento ultimo si realizzarono le parole che Gesù aveva detto a Nicodemo in principio, quando era andato da lui di notte: «come Mosè innalzò il serpente nel deserto, così bisogna che sia innalzato il Figlio dell'uomo, perché chiunque crede in lui abbia la vita eterna» (Gv 3,14s.). Appunto in tal modo – volgendo lo sguardo al Figlio dell'uomo innalzato – Nicodemo uscì dalle sue incertezze e affrontò con coraggio la vita.

È lo stesso miracolo che può accadere anche a noi: perché pure noi in questa Pasqua ormai vicina possiamo imparare dal Signore crocifisso a vincere le nostre incertezze, attraversando finalmente la vita non più da spettatori ma da protagonisti.

Quinta Domenica di Quaresima

Attirati dal crocifisso

Giovanni 12,20-33

In quel tempo, tra quelli che erano saliti per il culto durante la festa c'erano anche alcuni Greci. Questi si avvicinarono a Filippo, che era di Betsàida di Galilea, e gli domandarono: «Signore, vogliamo vedere Gesù». Filippo andò a dirlo ad Andrea, e poi Andrea e Filippo andarono a dirlo a Gesù. Gesù rispose loro: «È venuta l'ora che il Figlio dell'uomo sia glorificato. In verità, in verità io vi dico: se il chicco di grano, caduto in terra, non muore, rimane solo; se invece muore, produce molto frutto. Chi ama la propria vita, la perde e chi odia la propria vita in questo mondo, la conserverà per la vita eterna. Se uno mi vuole servire, mi segua, e dove sono io, là sarà anche il mio servitore. Se uno serve me, il Padre lo onorerà. Adesso l'anima mia è turbata; che cosa dirò? Padre, salvami da quest'ora? Ma proprio per questo sono giunto a quest'ora! Padre, glorifica il tuo nome». Venne allora una voce dal cielo: «L'ho glorificato e lo glorificherò ancora!». La folla, che era presente e aveva udito, diceva che era stato un tuono. Altri dicevano: «Un angelo gli ha parlato». Disse Gesù: «Questa voce non è venuta per me, ma per voi. Ora è il giudizio di questo mondo; ora il principe di questo mondo sarà gettato fuori. E io, quando sarò innalzato da terra, attirerò tutti a me». Diceva questo per indicare di quale morte doveva morire.

«Vogliamo vedere Gesù». Così dicono quei Greci che sono saliti a Gerusalemme per la festa di Pasqua, secondo il racconto del Vangelo di domenica. Essi sono dei pagani che simpatizzano per la religione di Mosè, ma non sono entrati nel popolo dell'alleanza; stanno sulla soglia a vedere: ammirano, desiderano, ma insieme rimangono per molti aspetti perplessi. E appunto da questa loro dibattuta ricerca religiosa nasce il desiderio di «vedere» Gesù.

Ma Gesù si sottrae alla ricerca dei Greci: non li incontrerà, non c'è tempo al momento, non è questo il tempo opportuno per quell'incontro. E infatti pochi giorni dopo Gesù sarà catturato e ucciso: verrà così condannato al silenzio prima di poter rispondere all'attesa e al desiderio di tutti gli uomini, e in particolare all'attesa di quei «buoni» pagani che – pure a tentoni – cercavano Dio.

Eppure Gesù non considerò questo come un infelice e sfortunato destino. Non pregò il Padre chiedendo: «Salvami da quest'ora». Ma riconobbe che «proprio per questo sono giunto a quest'ora»; perché «se il chicco di grano caduto in terra non muore, rimane solo; se invece muore, produce molto frutto».

Ecco, quello che accadde in quel tempo è anche quello che accade in ogni tempo. Anche oggi infatti molti Greci salgono per la festa. E cioè, anche oggi alla Pasqua cristiana si rivolge l'attenzione di molte persone che non sono discepoli, ma neppure sono del tutto estranei; persone simpatizzanti, che stanno sulla soglia. Essi magari cercano nella ricorrenza pasquale una parola di pace da contrapporre alle tante parole ostili contro cui spesso dobbiamo combattere.

E forse anche noi – almeno in qualche momento – ci ritroviamo nell'atteggiamento spirituale di quei Greci: venuti per «vedere» Gesù, più che per rispondere ad una chiamata; desiderosi di una qualche indefinita speranza, più che disponibili a giocare la vita.

In tal modo assomigliamo anche a quegli altri Greci che erano saliti all'Areopago di Atene per ascoltare l'apostolo Paolo. Pure loro ascoltavano Paolo volentieri, animati da una generica ma forte ricerca religiosa: ma quando sentirono parlare di risurrezione dai morti lo congedarono in fretta. E allora Paolo «si ritirò da loro» (At 7,33); esattamente come Gesù si ritirò da quei Greci che erano venuti a cercarlo a Gerusalemme.

Perché davanti al Vangelo di Gesù non basta avere un generico desiderio di pace nel cuore; e neppure è sufficiente avere una qualche sete di speranza. Davanti al Vangelo di Gesù è necessario decidersi, riconoscendo la novità inattesa che esso promette.

Il Vangelo di Gesù infatti non è una generica promessa di pace; e cioè, non è una parola buona che vagheggia un mondo migliore. Al contrario, il Vangelo di Gesù è una parola che trapassa i limiti consueti, una parola che strappa i cieli e da oltre i cieli giunge sulla terra per annunciare agli uomini che la loro speranza deve elevarsi oltre la terra. E dunque non è sufficiente il desiderio di vedere Gesù, ma ci è richiesto di lasciarci attirare da lui, abbandonando le nostre speranze piccole e scontate in favore della sua speranza grande e nuova.

In altre parole, ci è richiesto di fissare lo sguardo su Gesù crocifisso: che era sì piantato sulla terra, oppresso da una sofferenza infinita; ma che tuttavia seppe sperare nel Padre dei cieli nonostante tutto, al di là di ogni umana evidenza.

Domenica delle Palme e della Passione del Signore

Al di là di ogni doppiezza e inganno

Marco 11,1-10
Marco 14,1 - 15,47

Quando furono vicini a Gerusalemme, verso Bètfage e Betània, presso il monte degli Ulivi, Gesù mandò due dei suoi discepoli e disse loro: «Andate nel villaggio di fronte a voi e subito, entrando in esso, troverete un puledro legato, sul quale nessuno è ancora salito. Slegatelo e portatelo qui. E se qualcuno vi dirà: "Perché fate questo?", rispondete: "Il Signore ne ha bisogno, ma lo rimanderà qui subito"». Andarono e trovarono un puledro legato vicino a una porta, fuori sulla strada, e lo slegarono. Alcuni dei presenti dissero loro: «Perché slegate questo puledro?». Ed essi risposero loro come aveva detto Gesù. E li lasciarono fare. Portarono il puledro da Gesù, vi gettarono sopra i loro mantelli ed egli vi salì sopra. Molti stendevano i propri mantelli sulla strada, altri invece delle fronde, tagliate nei campi. Quelli che precedevano e quelli che seguivano, gridavano: «Osanna! Benedetto colui che viene nel nome del Signore! Benedetto il Regno che viene, del nostro padre Davide! Osanna nel più alto dei cieli!».

[...] Al mattino, i capi dei sacerdoti, con gli anziani, gli scribi e tutto il sinedrio, dopo aver tenuto consiglio, misero in catene Gesù, lo portarono via e lo consegnarono a Pilato. Pilato gli domandò: «Tu sei il re dei Giudei?». Ed egli rispose: «Tu lo dici». I capi dei sacerdoti lo accusavano di molte cose. Pilato lo interrogò di nuovo dicendo: «Non rispondi nulla? Vedi di quante cose ti accusano!». Ma Gesù non rispose più nulla, tanto che Pilato rimase stupito. A ogni festa, egli era solito rimettere in libertà per loro un carcerato, a loro richiesta. Un tale, chiamato Barabba, si trovava in carcere insieme ai ribelli che nella rivolta avevano commesso un omicidio. La folla, che si era radunata, cominciò a chiedere ciò che egli era solito concedere. Pilato rispose loro: «Volete che io rimetta in libertà per voi il re dei Giudei?». Sapeva infatti che i capi dei sacerdoti glielo avevano consegnato per invidia. Ma i capi dei sacerdoti incitarono la folla perché, piuttosto, egli rimettesse in libertà per loro Barabba. Pilato disse loro di nuovo: «Che cosa volete dunque che io faccia di quello che voi chiamate il re dei Giudei?». Ed essi di nuovo gridarono: «Crocifiggilo!». Pilato diceva loro: «Che male ha fatto?». Ma essi gridarono più forte: «Crocifiggilo!». Pilato, volendo dare soddisfazione alla folla, rimise in libertà per loro Barabba e, dopo aver fatto flagellare Gesù, lo consegnò perché fosse crocifisso. Allora i soldati lo condussero dentro il cortile, cioè nel pretorio, e convocarono tutta la truppa. Lo vestirono di

porpora, intrecciarono una corona di spine e gliela misero attorno al capo. Poi presero a salutarlo: «Salve, re dei Giudei!». E gli percuotevano il capo con una canna, gli sputavano addosso e, piegando le ginocchia, si prostravano davanti a lui. Dopo essersi fatti beffe di lui, lo spogliarono della porpora e gli fecero indossare le sue vesti, poi lo condussero fuori per crocifiggerlo. Costrinsero a portare la sua croce un tale che passava, un certo Simone di Cirene, che veniva dalla campagna, padre di Alessandro e di Rufo. Condussero Gesù al luogo del Gòlgota, che significa «Luogo del cranio», e gli davano vino mescolato con mirra, ma egli non ne prese. Poi lo crocifissero e si divisero le sue vesti, tirando a sorte su di esse ciò che ognuno avrebbe preso. Erano le nove del mattino quando lo crocifissero. La scritta con il motivo della sua condanna diceva: «Il re dei Giudei». Con lui crocifissero anche due ladroni, uno a destra e uno alla sua sinistra. Quelli che passavano di là lo insultavano, scuotendo il capo e dicendo: «Ehi, tu che distruggi il tempio e lo ricostruisci in tre giorni, salva te stesso scendendo dalla croce!». Così anche i capi dei sacerdoti, con gli scribi, fra loro si facevano beffe di lui e dicevano: «Ha salvato altri e non può salvare se stesso! Il Cristo, il re d'Israele, scenda ora dalla croce, perché vediamo e crediamo!». E anche quelli che erano stati crocifissi con lui lo insultavano. Quando fu mezzogiorno, si fece buio su tutta la terra fino alle tre del pomeriggio. Alle tre, Gesù gridò a gran voce: «Eloì, Eloì, lemà sabactàni?», che significa: «Dio mio, Dio mio, perché mi hai abbandonato?». Udendo questo, alcuni dei presenti dicevano: «Ecco, chiama Elia!». Uno corse a inzuppare di aceto una spugna, la fissò su una canna e gli dava da bere, dicendo: «Aspettate, vediamo se viene Elia a farlo scendere». Ma Gesù, dando un forte grido, spirò. Il velo del tempio si squarciò in due, da cima a fondo. Il centurione, che si trovava di fronte a lui, avendolo visto spirare in quel modo, disse: «Davvero quest'uomo era Figlio di Dio!». [...]

Quella mattina, a Gerusalemme, c'era aria di festa: tutti acclamavano festanti il profeta di Nazareth. «Benedetto colui che viene, il re, nel nome del Signore». Così appunto leggiamo nel Vangelo che introduce la liturgia di questa domenica. Passarono pochi giorni, e l'aria cambiò a Gerusalemme. Altre acclamazioni, altre grida si levarono alla vigilia della Pasqua: «Crocifiggilo». A furor di popolo, il profeta di Nazareth veniva condannato a morte: ne troviamo conferma pure questa domenica, nel racconto della Passione. Era la stessa gente: quella stessa gente che aveva acclamato «osanna» adesso gridava «crocifiggilo», recitando parti diverse!

Successe così quello che succede a noi oggi, in questo tempo segnato dall'apparire: perché anche noi oggi spesso recitiamo. Recitiamo: e cioè cambiamo facilmente pensieri e parole, a seconda delle situazioni. Recitiamo, e così forse ce la caviamo anche: ma ci ritroviamo alla fine senza un'identità e – soprattutto – senza una speranza.

Il profeta di Nazareth invece non ha recitato: «Gesù camminava davanti a tutti salendo verso Gerusalemme». Egli è stato fedele alla sua missione fino in fondo: anche quando ha subito l'ingiustizia, e ha dovuto stare zitto di fronte alla condanna senza appello che gli veniva inferta. Il profeta di Nazareth è stato fedele fino in fondo: e così ha custodito la sua identità di Figlio e – soprattutto – la sua speranza.

Ecco, entrando nella Settimana Santa noi ci incamminiamo dietro Gesù, il profeta di Nazareth. Non ci accada in questi giorni santi di continuare la nostra recita: sarebbe troppo facile commuoverci davanti al crocifisso – come pure davanti ai tanti crocifissi di oggi – senza che poi nulla cambi nella nostra personale esistenza. Davanti al silenzio e al grido del crocifisso è giunta l'ora di gettare la maschera: è giunta l'ora di guardare in faccia la nostra vita, al di là di ogni doppiezza e inganno.

Domenica di Pasqua

Stanchezze e speranze della sera pasquale

Luca 24,13-35 - alla Messa vespertina

Ed ecco, in quello stesso giorno, [il primo della settimana,] due [dei discepoli] erano in cammino per un villaggio di nome Èmmaus, distante circa undici chilometri da Gerusalemme, e conversavano tra loro di tutto quello che era accaduto. Mentre conversavano e discutevano insieme, Gesù in persona si avvicinò e camminava con loro. Ma i loro occhi erano impediti a riconoscerlo. Ed egli disse loro: «Che cosa sono questi discorsi che state facendo tra voi lungo il cammino?». Si fermarono, col volto triste; uno di loro, di nome Clèopa, gli rispose: «Solo tu sei forestiero a Gerusalemme! Non sai ciò che vi è accaduto in questi giorni?». Domandò loro: «Che cosa?». Gli risposero: «Ciò che riguarda Gesù, il Nazareno, che fu profeta potente in opere e in parole, davanti a Dio e a tutto il popolo; come i capi dei sacerdoti e le nostre autorità lo hanno consegnato per farlo condannare a morte e lo hanno crocifisso. Noi speravamo che egli fosse colui che avrebbe liberato Israele; con tutto ciò, sono passati tre giorni da quando queste cose sono accadute. Ma alcune donne, delle nostre, ci hanno sconvolti; si sono recate al mattino alla tomba e, non avendo trovato il suo corpo, sono venute a dirci di aver avuto anche una visione di angeli, i quali affermano che egli è vivo. Alcuni dei nostri sono andati alla tomba e hanno trovato come avevano detto le donne, ma lui non l'hanno visto». Disse loro: «Stolti e lenti di cuore a credere in tutto ciò che hanno detto i profeti! Non bisognava che il Cristo patisse queste sofferenze per entrare nella sua gloria?». E, cominciando da Mosè e da tutti i profeti, spiegò loro in tutte le Scritture ciò che si riferiva a lui. Quando furono vicini al villaggio dove erano diretti, egli fece come se dovesse andare più lontano. Ma essi insistettero: «Resta con noi, perché si fa sera e il giorno è ormai al tramonto». Egli entrò per rimanere con loro. Quando fu a tavola con loro, prese il pane, recitò la benedizione, lo spezzò e lo diede loro. Allora si aprirono loro gli occhi e lo riconobbero. Ma egli sparì dalla loro vista. Ed essi dissero l'un l'altro: «Non ardeva forse in noi il nostro cuore mentre egli conversava con noi lungo la via, quando ci spiegava le Scritture?». Partirono senza indugio e fecero ritorno a Gerusalemme, dove trovarono riuniti gli Undici e gli altri che erano con loro, i quali dicevano: «Davvero il Signore è risorto ed è apparso a Simone!». Ed essi narravano ciò che era accaduto lungo la via e come l'avevano riconosciuto nello spezzare il pane.

La sera di quel primo giorno della settimana assomiglia terribilmente alle sere della nostra vita. C'è infatti stanchezza nel cammino di quei due discepoli che da Gerusalemme tornano ad Emmaus, come leggiamo nel Vangelo della Messa vespertina di Pasqua; e c'è proprio quella stanchezza della memoria che anche per noi arriva implacabile al termine di ogni giornata. I due discepoli avevano abbandonato in fretta Gerusalemme dopo la tragica morte di Gesù: il loro cuore voleva soltanto fuggire; e tuttavia alla sera di quel primo giorno della settimana continuavano a conversare «di tutto quello che era accaduto». La loro memoria del Maestro era però chiaramente una memoria stanca: una memoria cioè che – anche quando riguarda fatti e persone care – alimenta la malinconia piuttosto che la speranza. Interpellati dallo sconosciuto, essi infatti «si fermarono, col volto triste»; erano tristi, e la loro memoria era così stanca che «i loro occhi erano incapaci di riconoscerlo». Era infatti Gesù quello sconosciuto che condivideva il loro cammino; ma i due discepoli non erano riusciti a riconoscerlo.

Appunto così accade per noi, quando arriviamo a sera: anche noi infatti – al termine di una giornata – abbiamo spesso il cuore carico di speranze deluse. La memoria della giornata trascorsa è molte volte una memoria stanca, che genera malinconia: noi speravamo di vivere ore serene, e invece abbiamo incontrato ore faticose, situazioni che sembravano smentire ogni speranza, anche la speranza cristiana che abbiamo ricevuto dai nostri padri. Allora pure i nostri occhi diventano ciechi: ciechi al punto di non riconoscere più neanche quegli affetti e quelle persone che prima ci parevano irrinunciabili.

«Noi speravamo...»: così diciamo con rassegnazione al termine delle nostre giornate. E così dicevano i due discepoli quella sera, sulla strada di Emmaus: «Noi speravamo che egli fosse colui che avrebbe liberato Israele...». Ma durò poco quella rassegnazione: perché «allora si aprirono loro gli occhi, e lo riconobbero». Alla sera di quel primo giorno della settimana i loro occhi si aprirono: e si aprirono non per caso – e nemmeno per un prodigio – ma perché la parola di Gesù aveva scaldato il cuore dei due discepoli. Per troppo tempo essi erano rimasti lontani da quella parola: certo erano stati affascinati da essa, ma anche l'avevano in fretta rinchiusa nel piccolo mondo delle loro attese. Soltanto ora le lasciano spazio, e scoprono che essa va ben al di là dei loro angusti desideri. Si accorgono così che la loro tristezza non ha più motivo di esistere, perché nonostante quella tragica morte la parola di Gesù continua a vivere, e vivrà per sempre.

Non potrà forse accadere la stessa cosa, nelle sere della nostra vita, quando anche noi ci accorgeremo di avere ricevuto una speranza più grande delle nostre piccole attese?

Seconda Domenica di Pasqua

Pace a voi

Giovanni 20,19-31

La sera di quel giorno, il primo della settimana, mentre erano chiuse le porte del luogo dove si trovavano i discepoli per timore dei Giudei, venne Gesù, stette in mezzo e disse loro: «Pace a voi!». Detto questo, mostrò loro le mani e il fianco. E i discepoli gioirono al vedere il Signore. Gesù disse loro di nuovo: «Pace a voi! Come il Padre ha mandato me, anche io mando voi». Detto questo, soffiò e disse loro: «Ricevete lo Spirito Santo. A coloro a cui perdonerete i peccati, saranno perdonati; a coloro a cui non perdonerete, non saranno perdonati». Tommaso, uno dei Dodici, chiamato Dìdimo, non era con loro quando venne Gesù. Gli dicevano gli altri discepoli: «Abbiamo visto il Signore!». Ma egli disse loro: «Se non vedo nelle sue mani il segno dei chiodi e non metto il mio dito nel segno dei chiodi e non metto la mia mano nel suo fianco, io non credo». Otto giorni dopo i discepoli erano di nuovo in casa e c'era con loro anche Tommaso. Venne Gesù, a porte chiuse, stette in mezzo e disse: «Pace a voi!». Poi disse a Tommaso: «Metti qui il tuo dito e guarda le mie mani; tendi la tua mano e mettila nel mio fianco; e non essere incredulo, ma credente!». Gli rispose Tommaso: «Mio Signore e mio Dio!». Gesù gli disse: «Perché mi hai veduto, tu hai creduto; beati quelli che non hanno visto e hanno creduto!». Gesù, in presenza dei suoi discepoli, fece molti altri segni che non sono stati scritti in questo libro. Ma questi sono stati scritti perché crediate che Gesù è il Cristo, il Figlio di Dio, e perché, credendo, abbiate la vita nel suo nome.

«La tua vita ti sarà dinanzi come sospesa a un filo; proverai spavento notte e giorno e non sarai sicuro della tua vita. Alla mattina dirai: "Se fosse sera!" e alla sera dirai: "Se fosse mattina!", a causa dello spavento che ti agiterà il cuore e delle cose che i tuoi occhi vedranno» (Dt 28,66-67).

Così leggiamo nel libro del Deuteronomio: e facilmente ci riconosciamo in questa descrizione della vita, di una vita che ci appare sempre come sospesa a un filo.

E fu pure questa l'impressione che i discepoli sperimentarono nella «sera di quel giorno, il primo della settimana», come leggiamo nel Vangelo di questa seconda domenica di Pasqua. Essi erano quella sera rinchiusi nel loro nascondiglio: sentivano la loro vita come sospesa a un filo, e sospiravano nell'attesa di momenti migliori. Il Vangelo racconta che i discepoli avevano «timore dei Giudei». Ma attorno alla paura dei Giudei altre paure agitavano il loro cuore: la paura di avere creduto invano a Gesù; la paura di una vita ormai vuota; la paura di aver perduto le cose vecchie senza averne trovate di nuove.

Sembrava invincibile ai discepoli il cerchio della paura: appunto come sembra invincibile a noi, quando ci ritroviamo circondati da quella paura quotidiana che impedisce di sperare, di uscire, di prendere iniziative, di vivere. Tutto – allora – ci sembra perduto: soprattutto ci sentiamo incapaci di realizzare i nostri desideri, di portare a termine le nostre speranze; e siamo così tentati di lasciare ogni impegno, abbandonandoci alla casualità degli eventi.

Sembra dunque davvero invincibile il cerchio della paura: a meno che – da fuori – non arrivi qualcuno, qualcuno capace di rompere un simile cerchio di morte. È quanto successe per i discepoli alla sera di quello stesso giorno, come pure otto giorni dopo. «Venne Gesù, a porte chiuse, stette in mezzo e disse: Pace a voi».

Sì, pace a voi – disse Gesù in quel tempo: a voi, discepoli, che avete paura, che sentite la vostra vita sospesa a un filo, che alla sera sospirate la mattina e alla mattina già attendete la sera. Sì, pace a voi: uscite dai vostri piccoli desideri, lasciate le vostre corte speranze, e non siate più increduli, ma credenti.

Sì, pace a voi – dice ancora Gesù oggi: a voi, che ancora avete nel cuore il canto dell'alleluia pasquale, ma che già temete di smarrirlo nella inevitabile dispersione dei giorni. La vostra paura vi appare spesso invincibile: e certo lo sarà se non vi aprirete a quella speranza più grande che non viene da voi ma discende dal cielo. Sì, pace a voi: vi lascio la pace, vi do la mia pace, una pace nuova che il mondo non conosce e non può dare. Pace a voi!

Sono appunto queste le parole nuove che il Signore risorto sussurra alle nostre orecchie nei giorni santi della Pasqua: pace a voi. Ma noi, siamo pronti ad ascoltarle – oppure preferiamo rimanere chiusi nei nostri nascondigli?

Terza Domenica di Pasqua

Stupore

Luca 24,35-48

In quel tempo, [i due discepoli che erano ritornati da Èmmaus] narravano [agli Undici e a quelli che erano con loro] ciò che era accaduto lungo la via e come avevano riconosciuto [Gesù] nello spezzare il pane. Mentre essi parlavano di queste cose, Gesù in persona stette in mezzo a loro e disse: «Pace a voi!». Sconvolti e pieni di paura, credevano di vedere un fantasma. Ma egli disse loro: «Perché siete turbati, e perché sorgono dubbi nel vostro cuore? Guardate le mie mani e i miei piedi: sono proprio io! Toccatemi e guardate; un fantasma non ha carne e ossa, come vedete che io ho». Dicendo questo, mostrò loro le mani e i piedi. Ma poiché per la gioia non credevano ancora ed erano pieni di stupore, disse: «Avete qui qualche cosa da mangiare?». Gli offrirono una porzione di pesce arrostito; egli lo prese e lo mangiò davanti a loro. Poi disse: «Sono queste le parole che io vi dissi quando ero ancora con voi: bisogna che si compiano tutte le cose scritte su di me nella legge di Mosè, nei Profeti e nei Salmi». Allora aprì loro la mente per comprendere le Scritture e disse loro: «Così sta scritto: il Cristo patirà e risorgerà dai morti il terzo giorno, e nel suo nome saranno predicati a tutti i popoli la conversione e il perdono dei peccati, cominciando da Gerusalemme. Di questo voi siete testimoni».

Sono davvero strani i discepoli di Gesù: almeno così ci pare leggendo il Vangelo di questa domenica. Prima «sconvolti e pieni di paura, credevano di vedere un fantasma»; poi «per la gioia non credevano ancora ed erano pieni di stupore». Prima hanno paura, e credono di vedere qualcosa, ma non sanno bene cosa; poi sono pieni di gioia, e però ancora non credono a quello che stanno vedendo. Sì, sono strani questi discepoli: sono confusi, tentennanti, indecisi; passano – in un baleno – da un sentimento all'altro.

Non dobbiamo però meravigliarci troppo: saranno un po' strani questi discepoli; ma anche noi spesso siamo così. Infatti accade anche a noi di passare da un pensiero all'altro, da uno spavento ad una gioia, da un affetto ad un rancore... E anche noi spesso ci ritroviamo confusi ed indecisi davanti alle scelte che ogni giorno ci vengono richieste.

Accade anche a noi, è vero: e non dobbiamo preoccuparcene, perché tale è la nostra condizione umana. Peggio è quando tutto questo non accade: quando cioè siamo incapaci di spaventarci come di gioire, incapaci di amare come di odiare. Peggio è quando siamo avvolti dal torpore, quando siamo bloccati dall'immobilità di una vita che pensa di aver già visto tutto quello che si poteva vedere. Peggio è quando dormiamo per la tristezza, rassegnati al nostro destino, come già successe ai discepoli nell'orto degli ulivi.

Ma alla sera di quel primo giorno della settimana non dormivano più i discepoli. Certo, magari erano un po' confusi: ma c'era stupore nei loro occhi. Erano infatti stupiti – racconta il Vangelo: erano stupiti sia nello spavento che nella grande gioia; erano stupefatti, colpiti al cuore da quell'evento inatteso.

E lo stupore dei discepoli fu tanto grande che essi non seppero poi raccontare con chiarezza quanto avevano visto e udito. L'incontro con il Risorto non fu infatti un incontro come gli altri: non fu certo come quegli incontri della vita abituale dai quali si esce identici a come si era prima. Dall'incontro con il Risorto i discepoli uscirono cambiati, convertiti. Non che fossero cattivi prima, ma erano increduli: ed era proprio l'incredulità che li aveva resi immobili e tristi, rassegnati al loro destino. Ebbene, il Risorto quella sera venne per guarirli dalla loro incredulità.

E dunque quella sera non accadde soltanto qualcosa davanti ai loro occhi, qualcosa che poi non avrebbero saputo raccontare con chiarezza: ma accadde soprattutto qualcosa nel loro spirito. Ed essi compresero come esattamente questo accadimento interiore era ciò che soltanto contava. La presenza e il gesto esteriore di Gesù risorto si limitavano a strappare un velo: poi non erano più importanti. Strappato il velo, bastavano i suoi gesti e le sue parole di prima: «Sono queste le parole che io vi dissi quando ero ancora con voi...». Strappato il velo, bastavano le cose di prima, quelle cose scritte su di lui nella Legge, nei Profeti e nei Salmi.

Ecco, anche per noi sarebbe sufficiente che si strappasse il velo: anche per noi basterebbero i gesti e le parole di sempre se si strappasse il velo della nostra incredulità. Davvero, basterebbero i gesti e le parole di sempre: magari anche quei gesti tentennanti e quelle parole confuse che a volte ritroviamo nelle nostre giornate.

Sì, basterebbero i gesti e le parole di sempre, se soltanto non pensassimo di aver già visto tutto e imparassimo – invece – a stupirci ogni giorno da capo.

Quarta Domenica di Pasqua

Raccolti dalla voce del pastore

Giovanni 10,11-18

In quel tempo, Gesù disse: «Io sono il buon pastore. Il buon pastore dà la propria vita per le pecore. Il mercenario – che non è pastore e al quale le pecore non appartengono – vede venire il lupo, abbandona le pecore e fugge, e il lupo le rapisce e le disperde; perché è un mercenario e non gli importa delle pecore. Io sono il buon pastore, conosco le mie pecore e le mie pecore conoscono me, così come il Padre conosce me e io conosco il Padre, e do la mia vita per le pecore. E ho altre pecore che non provengono da questo recinto: anche quelle io devo guidare. Ascolteranno la mia voce e diventeranno un solo gregge, un solo pastore. Per questo il Padre mi ama: perché io do la mia vita, per poi riprenderla di nuovo. Nessuno me la toglie: io la do da me stesso. Ho il potere di darla e il potere di riprenderla di nuovo. Questo è il comando che ho ricevuto dal Padre mio».

Sono tante, infinite le voci che affollano la nostra vita. Ogni giorno ascoltiamo mille pareri, mille punti di vista, mille diverse considerazioni. E se apriamo un giornale, o se guardiamo un telegiornale, o – ancor più – se navighiamo su internet, veniamo quasi sommersi dalle voci, dalle notizie e dai commenti che incontriamo: tanto che ci rassegniamo a sfogliare, o a fare lo zapping, o a cliccare qua e là, con distrazione e senza mai approfondire più di tanto.

Ci troviamo così ad essere sempre indecisi e disorientati davanti alle tante voci che affollano la nostra vita. Siamo appunto come le pecore del discorso di Gesù nel Vangelo di questa domenica: dispersi e confusi per la paura di un futuro che può piombare su di noi come un lupo avverso; ma dispersi e confusi anche dalle voci dei tanti pastori che cercano di garantirci il futuro portandoci nel loro ovile. Siamo dispersi e confusi, al punto da sentire in noi il desiderio di una voce che riconduca ad unità la nostra vita, di una voce familiare ed amica, che parli al nostro cuore, risvegliando quella speranza di un tempo che ormai ci sembra troppo lontana…

Anche quella folla di Gerusalemme che aveva ascoltato Pietro nel giorno di Pentecoste – come abbiamo letto in queste ultime domeniche nella prima lettura, tratta dagli Atti degli Apostoli – anche quella folla sentiva un simile desiderio di unità. E quando videro quel pescatore predicare insieme ai suoi amici pensarono di essere di fronte all'ennesima voce che si aggiungeva alle tante voci già sentite: tanti ciarlatani erano infatti già comparsi in quegli anni inquieti. I capi del popolo decisero allora di arrestare Pietro, e di metterlo sotto processo. Si accorsero però che il suo discorso era diverso dal discorso dei soliti ciarlatani: non annunciava miracoli straordinari o disastri imminenti, e neanche predicava a favore della pace o contro la guerra, a favore degli invasori romani o contro la loro tirannia; semplicemente il discorso di Pietro raccontava la storia di quel Gesù che era stato crocifisso ma che Dio aveva costituito Signore e Cristo.

Proprio il racconto di quella storia trafisse il cuore della gente che ascoltava: perché quella storia parlava di un uomo scartato dagli uomini ma scelto da Dio (cf. At 4,8-12); parlava di un uomo ucciso a causa degli uomini ma vivente grazie a Dio; quella storia cioè parlava di un uomo che aveva attraversato con coraggio la dispersione e la confusione della sua vita, che aveva saputo attraversare anche la tragedia di una morte ingiusta; ed era riuscito in questa impresa perché aveva trovato l'unità della sua vita nella volontà buona di Dio.

Appunto il racconto di quella storia trafisse il cuore della gente che ascoltava: perché proprio di quella storia aveva bisogno la gente. Erano tutti stufi ormai di quei discorsi sulle leggi da osservare, sulle opere buone da compiere, sui valori da custodire. Erano tutti stufi di quelle belle parole: avevano bisogno della storia di un uomo che fosse stato capace di raccogliere in unità la dispersione della vita. E l'hanno trovata nella storia di Gesù, il Crocifisso diventato Signore.

Così può accadere anche per noi, nella dispersione e nella confusione dei nostri giorni. Anche noi possiamo trovare nella storia di Gesù quella voce del pastore che ci dà luce e sicurezza, che orienta i nostri pensieri e le nostre scelte, che ci conduce ad una vita vera ed abbondante. E possiamo incontrare la storia di Gesù ogni domenica, nella celebrazione dell'Eucaristia, senza andare in capo al mondo o alla scuola di chissà quale maestro. Adesso, in questa domenica pasquale, possiamo imparare da Gesù a raccogliere in unità i nostri giorni dispersi. Ma siamo capaci di tacere per ascoltare la sua voce?

Quinta Domenica di Pasqua

La promessa della casa

Giovanni 15,1-8

In quel tempo, Gesù disse ai suoi discepoli: «Io sono la vite vera e il Padre mio è l'agricoltore. Ogni tralcio che in me non porta frutto, lo taglia, e ogni tralcio che porta frutto, lo pota perché porti più frutto. Voi siete già puri, a causa della parola che vi ho annunciato. Rimanete in me e io in voi. Come il tralcio non può portare frutto da se stesso se non rimane nella vite, così neanche voi se non rimanete in me. Io sono la vite, voi i tralci. Chi rimane in me, e io in lui, porta molto frutto, perché senza di me non potete far nulla. Chi non rimane in me viene gettato via come il tralcio e secca; poi lo raccolgono, lo gettano nel fuoco e lo bruciano. Se rimanete in me e le mie parole rimangono in voi, chiedete quello che volete e vi sarà fatto. In questo è glorificato il Padre mio: che portiate molto frutto e diventiate miei discepoli».

Penso che tutti, in un modo o nell'altro, amiamo la nostra casa. Certo, alle volte la sentiamo anche piccola e stretta: e tuttavia sperimentiamo tutti, ogni tanto, la gioia di poterci ritirare in casa, nella nostra camera, chiudendo fuori, almeno per un momento, le tante occupazioni e preoccupazioni che la vita ci presenta.

La casa è per noi preziosa: perché la casa è il luogo sicuro dal quale inizia e al quale ritorna ogni nostro cammino; alla casa noi possiamo affidare ogni cosa che ci è cara e ogni parola che ci paia troppo delicata per orecchie estranee; ma soprattutto la casa ci permette di custodire il nostro passato per il futuro, senza bisogno che noi lo rievochiamo in ogni momento ingombrando il presente.

Dunque, il desiderio della casa tocca un po' il cuore di tutti. Proprio come accadeva già in quel tempo, ai discepoli di cui ci parla il Vangelo di domenica (Gv 15,1-8): anche quei discepoli sentivano forte il desiderio di una casa. Essi una casa l'avevano trovata il giorno in cui avevano incontrato Gesù di Nazareth. Quel giorno erano stati colpiti dalle parole del Maestro, e avevano deciso di metter su casa con lui. Per questo motivo lo seguivano ovunque andasse: e anche quando a due a due erano stati inviati a predicare, avevano sentito forte nel cuore il desiderio di ritornare a casa, da Gesù, per trovare in lui la pace e la forza necessarie.

Ora Gesù stava per lasciarli: la sua condanna a morte era ormai già scritta, e i discepoli vedevano così andare in frantumi quella casa, quella compagnia che avevano costruito. Il loro cuore, dice il Vangelo, era turbato (cf. Gv 14,1): erano tutti affannati, agitati, proprio come noi, quando non riusciamo a trovare una casa tranquilla in cui riposare.

Appunto al turbamento dei discepoli volevano portare soccorso le parole di Gesù. «Rimanete in me e io in voi. Se rimanete in me e le mie parole rimangono in voi, chiedete quello che volete e vi sarà fatto» (Gv 15,4.7). Queste parole dovettero certo apparire promettenti ai cuori smarriti dei discepoli; ma anche sembrarono subito illusorie. Come potevano rimanere in Gesù, se lui stava per essere strappato via da loro? Come potevano custodire la sua compagnia davanti all'ora inesorabile della morte?

Ai discepoli apparivano dunque illusorie quelle parole di Gesù. Proprio come a noi appaiono illusorie tutte quelle parole della Scrittura che promettono pace e sicurezza: perché ci sembrano lontane dal turbamento e dall'insicurezza che segnano ogni giorno della nostra vita.

In realtà, forse anche a Gesù – almeno per un attimo – apparvero illusorie quelle sue parole. Perché anche lui sentiva nel cuore la tristezza del distacco; e anche lui – poche ore più tardi – dirà l'umanissima invocazione del salmo 21: «Dio mio, Dio mio perché mi hai abbandonato? Grido di giorno e non rispondi; di notte, e non c'è tregua per me» (Sal 21,2s.).

Eppure Gesù sapeva che il Padre non lo avrebbe abbandonato nell'ora della morte; egli sapeva che il Padre avrebbe continuato ad essere la sua casa accogliente. Gesù sapeva; e per questo riuscì a trasformare il suo grido di disperazione in canto di lode: «Lodate il Signore, voi suoi fedeli, gli dia gloria tutta la discendenza di Giacobbe. E io vivrò per lui, lo servirà la mia discendenza» (Sal 21,24.30s.).

Appunto questa lode e questa fede Gesù vuole insegnare a noi, se soltanto siamo capaci di rimanere in lui come i tralci nella vite

Sesta Domenica di Pasqua

Rimanete nel mio amore

Giovanni 15,9-17

In quel tempo, Gesù disse ai suoi discepoli: «Come il Padre ha amato me, anche io ho amato voi. Rimanete nel mio amore. Se osserverete i miei comandamenti, rimarrete nel mio amore, come io ho osservato i comandamenti del Padre mio e rimango nel suo amore. Vi ho detto queste cose perché la mia gioia sia in voi e la vostra gioia sia piena. Questo è il mio comandamento: che vi amiate gli uni gli altri come io ho amato voi. Nessuno ha un amore più grande di questo: dare la sua vita per i propri amici. Voi siete miei amici, se fate ciò che io vi comando. Non vi chiamo più servi, perché il servo non sa quello che fa il suo padrone; ma vi ho chiamato amici, perché tutto ciò che ho udito dal Padre mio l'ho fatto conoscere a voi. Non voi avete scelto me, ma io ho scelto voi e vi ho costituiti perché andiate e portiate frutto e il vostro frutto rimanga; perché tutto quello che chiederete al Padre nel mio nome, ve lo conceda. Questo vi comando: che vi amiate gli uni gli altri».

La parola «amore» è oggi molto usata nel vocabolario cristiano: possiamo dire che è perfino troppo usata. C'è infatti una certa disinvoltura nel pronunciare questa parola solenne: come se l'amore fosse fin dall'inizio cosa facile e consueta per la vita di un cristiano. E invece così non è: perché soltanto alla fine della vita potrà apparire con chiarezza la verità dell'amore.

Ben lo sapeva Gesù, che soltanto alla fine della sua vita parlò lungamente ai discepoli dell'amore. Infatti, le parole che ascoltiamo nel Vangelo di questa domenica sono tratte dai discorsi dell'Ultima Cena: soltanto in quell'ultima sera Gesù volle consegnare ai suoi il grande comandamento dell'amore.

Perché appunto l'amore cristiano non è verità facile e consueta: esso va lungamente preparato ed atteso nella pazienza di ogni giorno, in quelle mille forme quotidiane del rapporto umano che ogni giorno incontriamo. L'amore cristiano infatti non nasce dalle buone intenzioni e dai grandi ideali: esso può soltanto accadere nella normalità della vita quotidiana; e dunque soltanto alla fine – soltanto quando è accaduto – l'amore può essere riconosciuto come tale.

Succede invece di frequente che i cristiani antepongano l'ideale dell'amore all'accadimento della vita quotidiana: e così preferiscano occuparsi dei «lontani», piuttosto che preoccuparsi dei «prossimi più prossimi». È certo obiettivamente più difficile avere cura del prossimo, e cioè del marito o della moglie, del figlio o del genitore, del collega di lavoro o del vicino di casa: è obiettivamente più difficile avere cura di queste persone che incontriamo nelle forme immediate della nostra vita. Eppure soltanto lì – con queste persone – può accadere l'amore.

A questo proposito è emblematico il caso dell'amicizia. L'amicizia non è mai il frutto di buone intenzioni o di grandi ideali: essa nasce abitualmente nella normalità della vita quotidiana. Essa appunto accade: accade prima che io la cerchi; e accade come evento grato, evento che sorprende perché realizza in modo inaspettato quanto era nei miei segreti desideri. Esattamente in questo modo l'amicizia diventa anche impegno e comandamento: proprio perché all'inizio è accaduta gratuitamente essa alla fine mi richiede una dedizione gratuita.

Così succede nel caso dell'amicizia. Ma pure così succede sempre nelle forme quotidiane della nostra vita. E dunque il comandamento di amare il prossimo non può essere subito interpretato come un invito a «farsi prossimi»: perché prima che noi ci facciamo prossimi agli altri, gli altri sono già prossimi a noi; e lo sono fin dal principio della nostra vita, per volontà dell'unico Creatore di tutti.

Appunto questa vicinanza quotidiana Gesù ci raccomanda oggi di riscoprire: esattamente come fece lui – duemila anni fa – quando al termine della sua vita «dopo aver amato i suoi che erano nel mondo, li amò sino alla fine» (Gv 13,1).

Ascensione del Signore - Settima Domenica di Pasqua

Sino alla fine

Marco 16,15-20

In quel tempo, [Gesù apparve agli Undici] e disse loro: «Andate in tutto il mondo e proclamate il Vangelo a ogni creatura. Chi crederà e sarà battezzato sarà salvato, ma chi non crederà sarà condannato. Questi saranno i segni che accompagneranno quelli che credono: nel mio nome scacceranno demòni, parleranno lingue nuove, prenderanno in mano serpenti e, se berranno qualche veleno, non recherà loro danno; imporranno le mani ai malati e questi guariranno». Il Signore Gesù, dopo aver parlato con loro, fu elevato in cielo e sedette alla destra di Dio. Allora essi partirono e predicarono dappertutto, mentre il Signore agiva insieme con loro e confermava la Parola con i segni che la accompagnavano.

«Chi ben comincia è già a metà dell'opera».

Così afferma la saggezza popolare, certo con ragione: infatti nelle piccole o grandi imprese di ogni giorno è importante cominciare bene. Eppure tutti abbiamo sperimentato che non basta cominciare bene; è necessario anche concludere bene. Perché lo sappiamo: una buona conclusione non è mai scontata.

In realtà, concludere è sempre difficile, nelle cose piccole come nelle cose grandi: forse è più facile cominciare che concludere. È infatti difficile concludere un discorso, una discussione, una predica; come pure è difficile concludere una storia, un episodio, un capitolo della nostra vita. Concludere è sempre difficile: magari perché ci accorgiamo che le nostre opere sono spesso carenti e dunque inconcluse; oppure perché rimaniamo impigliati nella nostalgia di chi non sa accettare il trascorrere del tempo.

Proprio così avvenne in quei giorni, quando Gesù fu assunto in cielo, come leggiamo nel Vangelo della festa odierna. Per i discepoli era certo difficile concludere la loro storia con Gesù: essi avrebbero ancora voluto rimanere con lui, ascoltare la sua parola, partecipare ai suoi miracoli... E dunque quando Gesù fu elevato in alto sotto i loro occhi i discepoli se ne rimasero là – immobili – a guardare il cielo, pieni di rimpianto (cf. la prima lettura di oggi: At 1,1-11), nonostante il Signore avesse loro comandato di andare in tutto il mondo.

Eppure Gesù – nei giorni successivi alla Pasqua – aveva più volte tentato di liberare i discepoli da un simile rimpianto. Apparendo loro per quaranta giorni, egli aveva dimostrato che la sua storia non si era interrotta malamente con la morte di croce. Ma anche aveva testimoniato che nella morte di croce la sua storia era comunque giunta a compimento. Infatti «così sta scritto: il Cristo patirà e risorgerà dai morti il terzo giorno e nel suo nome saranno predicati a tutti i popoli la conversione e il perdono dei peccati» (Lc 24,46-47).

Ai discepoli però non pareva vero che la storia di Gesù dovesse proprio concludersi in quel modo. Ed erano quindi delusi e sconsolati: esattamente come accade a noi quando la nostra storia ci sembra carente, e vorremmo in qualche modo porre rimedio alle sue insufficienze, trovando conclusioni migliori. Una simile impresa però ci appare ogni volta da capo impossibile: perché non è possibile rimediare del tutto alle insufficienze della vita. Appunto come non pareva possibile in quel tempo rimediare alla tragica morte di Gesù.

E tuttavia «ciò che è impossibile agli uomini, è possibile a Dio» (Lc 18,27). Così aveva detto il Maestro un giorno, ancora prima della sua crocifissione. E proprio così avvenne: perché Dio non abbandonò Gesù alla morte, ma trasformò quella morte ingiusta in occasione di salvezza.

Dunque non era necessario che Gesù rimanesse ancora in mezzo ai discepoli, e magari concludesse in altro modo la sua missione. Salendo al cielo, egli testimoniava che – grazie a Dio – il suo tempo si era compiuto, nonostante tutto, nonostante la morte... E di conseguenza affermava che anche noi – grazie a Dio – possiamo vivere il presente come tempo pieno e concluso, e non invece come fuga continua verso un futuro impossibile.

In tal modo pure noi potremo fare come i discepoli che – superato lo smarrimento iniziale – «partirono e predicarono dappertutto» (Mc 16,20), senza paura e sino alla fine: perché non basta cominciare bene…

Pentecoste

Impariamo da Gesù il grido pasquale dei figli di Dio

Giovanni 7,37-39 - alla Messa della vigilia

Nell'ultimo giorno, il grande giorno della festa, Gesù, ritto in piedi, gridò: «Se qualcuno ha sete, venga a me, e beva chi crede in me. Come dice la Scrittura: dal suo grembo sgorgheranno fiumi di acqua viva». Questo egli disse dello Spirito che avrebbero ricevuto i credenti in lui: infatti non vi era ancora lo Spirito, perché Gesù non era ancora stato glorificato.

Sembra quasi di sentirlo quel grido della creazione di cui parla san Paolo nella lettera ai Romani (8,22-27), e che ci viene riproposto nell'epistola della Messa della vigilia di Pentecoste. «Tutta la creazione geme e soffre le doglie del parto fino ad oggi». Sembra quasi che quel grido prenda forma e voce negli innumerevoli gemiti della nostra storia, nei sospiri e nelle sofferenze della nostra vita, nell'attesa a volte spasmodica del nostro cuore.

Sì, anche noi gridiamo interiormente: «anche noi, che possediamo le primizie dello Spirito, gemiamo interiormente, aspettando l'adozione a figli, la redenzione del nostro corpo». C'è infatti un senso di paura e di insicurezza che sempre percorre le nostre giornate. In fondo, ci sentiamo sempre un po' orfani e spaesati davanti a questa nostra vita: abbiamo bisogno di un padre, di un redentore, di una guida che dia finalmente sicurezza e futuro ai nostri passi incerti.

Proprio come accadde un giorno al popolo di Israele, durante la traversata del deserto narrata nel libro dell'Esodo: troppo lontana sembrava a loro quella terra promessa da Dio, lontana al punto da apparire più un miraggio che una realtà. Fu allora che il popolo alzò la sua voce, e gridò contro il Signore e contro Mosè.

Quel grido di dolore era certo un grido giustificato, in quanto esprimeva tutta la sofferenza dei profughi di Israele, costretti a vagare nel deserto, assetati e affamati. E tuttavia quel grido di dolore era anche il grido di un popolo smemorato, che più non ricordava le grandi opere compiute dal Signore in Egitto, quando avevano attraversato illesi il Mar Rosso. «Voi stessi avete visto ciò che io ho fatto all'Egitto e come ho sollevato voi su ali di aquile e vi ho fatti venire fino a me» (cf. Es 19,3-8.16-20: prima lettura della Messa della vigilia di Pentecoste). Avevano certo visto gli israeliti queste grandi opere del Signore; ma già se ne erano scordati, e ora gridavano la loro sofferenza contro Dio e contro Mosè.

Appunto la mancanza di memoria rende disperato il grido dell'uomo; proprio quando non siamo più capaci di ricordare la bontà del Signore ci accade di smarrire il nostro futuro, e di gridare senza speranza contro Dio e contro i fratelli.

Non così invece fu il grido di Gesù sulla croce, quando si trovò faccia a faccia con la morte. L'evangelista Giovanni, testimone autorevole di quella morte, lo ricorda con nettezza: non fu la disperazione a far risuonare il grido di Gesù morente, ma fu lo Spirito Santo a gridare in lui. E fu un grido carico della memoria di Dio, un grido che si ricordava del Padre, ed affidava al Padre quella vita straziata, nella certezza della sua misericordia.

Ebbene, questo grido dello Spirito oggi è donato anche a noi. La promessa di Gesù è chiara: «Se qualcuno ha sete venga a me e beva... dal suo grembo sgorgheranno fiumi di acqua viva» (Gv 7,38). Anche noi, assetati e stanchi, possiamo cambiare il nostro grido disperato e senza memoria con il grido dello Spirito Santo, che ci dona una speranza, ricordandoci la bontà del Signore. Anche per noi lo Spirito Santo può diventare il soffio che dà finalmente voce ai nostri silenzi, alla frenesìa del nostro desiderio, al pianto dei nostri cuori... Anche noi, oggi e sempre, possiamo ripetere il grido pasquale di Gesù che si abbandona al Padre.

Tempo Ordinario

Seconda Domenica del Tempo Ordinario

Parla, Signore!

Giovanni 1,35-42

In quel tempo Giovanni stava con due dei suoi discepoli e, fissando lo sguardo su Gesù che passava, disse: «Ecco l'agnello di Dio!». E i suoi due discepoli, sentendolo parlare così, seguirono Gesù. Gesù allora si voltò e, osservando che essi lo seguivano, disse loro: «Che cosa cercate?». Gli risposero: «Rabbì – che, tradotto, significa maestro –, dove dimori?». Disse loro: «Venite e vedrete». Andarono dunque e videro dove egli dimorava e quel giorno rimasero con lui; erano circa le quattro del pomeriggio. Uno dei due che avevano udito le parole di Giovanni e lo avevano seguito, era Andrea, fratello di Simon Pietro. Egli incontrò per primo suo fratello Simone e gli disse: «Abbiamo trovato il Messia» – che si traduce Cristo – e lo condusse da Gesù. Fissando lo sguardo su di lui, Gesù disse: «Tu sei Simone, il figlio di Giovanni; sarai chiamato Cefa» – che significa Pietro.

Certo colpisce sempre il racconto della vocazione di Samuele, quando quel ragazzo giovane ed inesperto si sentì chiamare più volte nella notte, e ogni volta correva dal suo maestro Eli, ma... non era lui che chiamava (cf. la prima lettura di questa domenica: 1Sam 3,3b-10.19).

Ci colpisce perché ci aiuta a capire quello che accade spesso – o forse accade sempre – nella nostra vita: quando ci sentiamo chiamare, quando sentiamo un'attesa nei nostri confronti, ma non riusciamo a dare un nome ed una concretezza a questa chiamata. La nostra vita rimane, in questo modo, come sospesa ed incompiuta: vorremmo dare risposta a quei desideri e a quelle attese che si affacciano nel nostro cuore, vorremmo essere all'altezza di quella misteriosa chiamata che abbiamo intuito, ma non sappiamo come fare.

Appunto così accadde anche ai due discepoli del Vangelo. Da un po' di tempo essi stavano con Giovanni il Battista; erano stati colpiti dalle sue parole; soprattutto erano stati colpiti dal coraggio che animava la sua missione; e ora i due discepoli attendevano di capire quale fosse la loro missione, alla quale si sentivano chiamati senza però riuscire ancora a darle un nome ed una concretezza.

Ebbene, avvenne un giorno che i due discepoli, sentendo le parole di Giovanni, si misero a camminare dietro Gesù. Certo ancora non avevano le idee chiare, tanto che ad una domanda di Gesù rispondono, quasi impacciati, con un'altra domanda. E tuttavia si erano messi in cammino, si erano buttati in quella nuova esperienza, giocando loro stessi e il loro futuro: «andarono dunque e videro dove egli dimorava e quel giorno rimasero con lui» (Gv 1,39).

Noi oggi siamo certo molto più prudenti. Noi vogliamo avere le idee molto chiare prima di intraprendere un'impresa. E accade spesso che ci immaginiamo la vita come la progressiva realizzazione di un progetto, pazientemente messo insieme pezzo per pezzo, simile a tutti quei numerosi progetti intorno ai quali ci affaccendiamo ogni giorno. Ma in realtà le cose non stanno così: ogni nostro progetto può riguardare soltanto piccole cose, e comunque non una cosa così grande e incomprensibile come è la nostra vita.

Perché, per quanto riguarda il senso e il valore della vita, noi siamo sempre come in attesa di una rivelazione, in attesa di qualcuno che ci dica: «Vieni, ti do io una speranza certa, ti do io una dimora stabile». E questa rivelazione può accadere soltanto se sappiamo metterci in cammino, buttarci nelle nuove esperienze che si prospettano, giocando noi stessi e il nostro futuro. Soltanto allora si apriranno i nostri occhi, e noi potremo finalmente riconoscere il volto di quella voce che da sempre ci chiama e ci inquieta.

Terza Domenica del Tempo Ordinario

Tempo breve, tempo compiuto

Marco 1,14-20

Dopo che Giovanni fu arrestato, Gesù andò nella Galilea, proclamando il vangelo di Dio, e diceva: «Il tempo è compiuto e il regno di Dio è vicino; convertitevi e credete nel Vangelo». Passando lungo il mare di Galilea, vide Simone e Andrea, fratello di Simone, mentre gettavano le reti in mare; erano infatti pescatori. Gesù disse loro: «Venite dietro a me, vi farò diventare pescatori di uomini». E subito lasciarono le reti e lo seguirono. Andando un poco oltre, vide Giacomo, figlio di Zebedèo, e Giovanni suo fratello, mentre anch'essi nella barca riparavano le reti. E subito li chiamò. Ed essi lasciarono il loro padre Zebedèo nella barca con i garzoni e andarono dietro a lui.

«Questo vi dico, fratelli: il tempo si è fatto breve» (1Cor 7,29).

Così dice san Paolo nella seconda lettura di questa domenica (1Cor 7,29-31), scrivendo ai cristiani di Corinto. E noi certo ci riconosciamo in questa affermazione: perché davvero il nostro tempo si è fatto breve.

Succede infatti spesso che il tempo della nostra vita ci risulti breve e insufficiente. Pensiamo alla fretta che ci coglie ogni giorno, davanti agli impegni ed agli appuntamenti quotidiani: le giornate a volte sembrano insufficienti a contenere tutto quello che dobbiamo fare. Soprattutto, abbiamo l'impressione che il tempo della nostra vita sia sempre imperfetto, limitato, incompleto: ci sembra di vivere soltanto momenti parziali ed incompiuti, i quali rimandano sempre ad altri giorni, e poi ancora ad altri, senza che mai si veda il compimento di nulla.

In questo senso, la fretta quotidiana non è molto distante da quel disgusto per le occupazioni ordinarie che chiamiamo noia. Apparentemente tale sentimento sembra opposto: perché quando uno ha mille cose da fare non dovrebbe avere il tempo per annoiarsi... In realtà la noia segnala lo stesso disagio che sperimentiamo quando corriamo da un appuntamento all'altro, senza mai trovare qualche momento che ci soddisfi del tutto...

Dunque davvero il nostro tempo ci appare spesso breve. E così succede a noi quello che accadde agli abitanti di Ninive, la grande città della prima lettura di questa domenica

(Gn 3,1-5.10): essi mangiavano, bevevano, compravano, vendevano, piantavano, costruivano (cf. Lc 17,26ss) ma intanto non si accorgevano di aver consegnato la loro vita al male e quindi alla rovina. Il loro tempo appariva certo colmo di impegni e di appuntamenti, ma, in realtà, era un tempo incompiuto, abbandonato al potere del male; era un tempo breve, appunto come predicava il profeta Giona: «Ancora quaranta giorni e Ninive sarà distrutta».

Molto diverso è invece l'annuncio che Gesù di Nazareth fa nella Galilea, secondo il Vangelo di questa domenica: «Il tempo è compiuto e il regno di Dio è vicino». Sì, il tempo non è più breve, ma è compiuto: e dunque è tolta dalla tua vita quella condanna per cui il senso dell'oggi è fatto dipendere dalla qualità di un domani che sempre ti sfugge e ti inquieta. Questa condanna è tolta: tu puoi vivere in pienezza il tuo tempo perché «il regno di Dio è vicino», il Signore ti è vicino. E allora non è necessario che tu cerchi da solo di mettere insieme i frammenti incompiuti della tua vita, e in questo impossibile tentativo ti affanni: non è necessario, perché se del frammento di oggi tu fai un dono a Lui, quello di oggi non è più un frammento, ma è una cosa compiuta.

Appunto così fanno Simone ed Andrea che «subito lasciarono le reti e lo seguirono». Con le reti essi lasciano l'affanno di prima, quell'affanno inconcludente mediante il quale non erano mai riusciti a provvedere del tutto alle necessità della vita. Davanti a Gesù, Simone ed Andrea lasciano il tempo breve di prima e convertono la direzione del loro cammino, perché finalmente hanno intravisto la possibilità di un tempo compiuto.

Certo, la pienezza del tempo che Gesù promette è un compimento che solo la fede intuisce. Dovranno venire ancora molte parole e molti gesti di Gesù per svolgere il senso soltanto implicito di quell'annuncio iniziale. E tuttavia non si può rimandare a domani la decisione e la risposta: rimandare a domani vorrebbe dire rimandare per sempre. Oggi occorre subito rispondere; verrà poi anche il cammino imprevedibile di domani: ma verrà come cammino coraggioso e sicuro al seguito di quel Maestro che oggi finalmente abbiamo trovato.

Quarta Domenica del Tempo Ordinario

Parola che libera

Marco 1,21-28

In quel tempo, Gesù, entrato di sabato nella sinagoga, [a Cafàrnao,] insegnava. Ed erano stupiti del suo insegnamento: egli infatti insegnava loro come uno che ha autorità, e non come gli scribi. Ed ecco, nella loro sinagoga vi era un uomo posseduto da uno spirito impuro e cominciò a gridare, dicendo: «Che vuoi da noi, Gesù Nazareno? Sei venuto a rovinarci? Io so chi tu sei: il santo di Dio!». E Gesù gli ordinò severamente: «Taci! Esci da lui!». E lo spirito impuro, straziandolo e gridando forte, uscì da lui. Tutti furono presi da timore, tanto che si chiedevano a vicenda: «Che è mai questo? Un insegnamento nuovo, dato con autorità. Comanda persino agli spiriti impuri e gli obbediscono!». La sua fama si diffuse subito dovunque, in tutta la regione della Galilea.

Prigioniero.

Questa era la condizione di quell'uomo malato che si mise a gridare nella sinagoga di Cafarnao mentre Gesù parlava. Il Vangelo annota che era posseduto da uno spirito impuro: appunto, era prigioniero, prigioniero di una forza oscura che lo faceva soffrire.

Sembra lontana questa figura dalla nostra vita comune: ci appare legata a credenze primitive, oggi per lo più chiarite dalla scienza moderna. E tuttavia quell'uomo prigioniero, posseduto da uno spirito impuro, ci interpella: non è infatti difficile rispecchiarsi in lui, riconoscere in lui le paure e le ansie che imprigionano la nostra vita.

Perché anche noi siamo prigionieri. Siamo prigionieri dei nostri ragionamenti, che – gira e rigira – sono sempre gli stessi, e ci fanno vedere la vita e gli altri sempre nello stesso modo. Siamo poi prigionieri delle nostre abitudini, che si ripetono uguali nel tempo, e che a volte sembrano davvero rinchiuderci nel nostro piccolo mondo quotidiano. Addirittura siamo prigionieri dei nostri affetti, dell'amore dato e ricevuto, da cui spesso dipendiamo in modo quasi ossessivo, come ricordava anche san Paolo nella seconda lettura. Ma soprattutto siamo prigionieri delle nostre paure, di quelle piccole o grandi paure che ogni giorno attraversano la nostra esperienza: ci sentiamo infatti come indifesi e precari davanti alla vita, davanti ad un futuro che rimane sempre aperto ed imprevedibile.

Siamo appunto prigionieri: e attendiamo anche noi una parola che ci dia finalmente libertà. Di parole, certo, ne sentiamo e ne diciamo molte: con esse spesso cerchiamo di cambiare i nostri soliti ragionamenti e le nostre immutate abitudini; o tentiamo di rassicurare i nostri instabili affetti, scongiurando magari quelle paure che ci inquietano. Eppure ci accorgiamo della debolezza di queste nostre parole: ce ne accorgiamo specialmente oggi, in questo nostro mondo che ormai sa spiegare tutto ma che, alla fine, continua ad avere paura di tutto.

Dunque appaiono deboli le nostre tante parole: servono più a distrarre che a liberare. Ben diversa fu invece la parola di Gesù, quel sabato, nella sinagoga di Cafarnao: tanto che la gente rimase stupìta, perché Gesù insegnava loro come uno che ha autorità, e non come gli scribi. Di prediche, infatti, la gente ne aveva già sentite molte dai sacerdoti del tempo: ma erano le solite parole - incerte, incompiute, oscure - parole che rimandavano ad altre parole, suscitando noia e delusione. La parola di Gesù invece appariva nuova ed efficace, al punto di liberare quell'uomo malato dallo spirito immondo che lo imprigionava.

Ebbene: oggi, come ogni domenica, quella parola efficace di Gesù risuona in mezzo a noi. E se ci sentiamo prigionieri, se la nostra vita ci appare rinchiusa nelle solite paure, lasciamoci provocare e consolare da questa parola: davanti ad essa confesseremo magari le nostre debolezze, ma scopriremo anche subito che non c'è ragione di essere così paurosi.

Quinta Domenica del Tempo Ordinario

Segni che illuminano il cammino

Marco 1,29-39

In quel tempo, Gesù, uscito dalla sinagoga, subito andò nella casa di Simone e Andrea, in compagnia di Giacomo e Giovanni. La suocera di Simone era a letto con la febbre e subito gli parlarono di lei. Egli si avvicinò e la fece alzare prendendola per mano; la febbre la lasciò ed ella li serviva. Venuta la sera, dopo il tramonto del sole, gli portavano tutti i malati e gli indemoniati. Tutta la città era riunita davanti alla porta. Guarì molti che erano affetti da varie malattie e scacciò molti demòni; ma non permetteva ai demòni di parlare, perché lo conoscevano. Al mattino presto si alzò quando ancora era buio e, uscito, si ritirò in un luogo deserto, e là pregava. Ma Simone e quelli che erano con lui si misero sulle sue tracce. Lo trovarono e gli dissero: «Tutti ti cercano!». Egli disse loro: «Andiamocene altrove, nei villaggi vicini, perché io predichi anche là; per questo infatti sono venuto!». E andò per tutta la Galilea, predicando nelle loro sinagoghe e scacciando i demoni.

La delusione è oggi sentimento diffuso. Tutti siamo, in qualche modo, delusi: delusi davanti agli insuccessi che la vita ci riserva, davanti al fallimento che spegne le nostre attese e i nostri sogni; ma delusi anche davanti alla nostra debolezza, davanti a quei limiti che imprigionano i nostri desideri quotidiani.

Dunque spesso noi siamo delusi: e ci capita allora di rimanere scettici davanti ad una pagina del Vangelo come quella odierna. Ci viene raccontata una giornata di Gesù a Cafarnao: e certo rimaniamo colpiti dai molti miracoli operati in quel giorno. Soprattutto colpisce quell'annotazione sintetica dell'evangelista: «Venuta la sera, dopo il tramonto del sole, gli portarono tutti i malati e gli indemoniati; e Gesù guarì molti che erano afflitti da varie malattie e scacciò molti demòni» (Mc 1,32.34).

Ci sembrano addirittura troppi i miracoli compiuti da Gesù. La descrizione del Vangelo ci fa subito pensare a tante improbabili pagine delle antiche leggende cristiane, dove quasi tutto ciò che fanno i santi è miracolo; e in tal modo i santi diventano per noi figure irreali, non umane, non convincenti. Perché – lo sappiamo – ben più difficile e complicata è la vita di tutti i giorni: pochi sembrano essere i miracoli, nella nostra esistenza, pochi e – per di più – nascosti. Lo diceva bene già il libro di Giobbe, quattrocento anni prima di

Cristo, come leggiamo nella prima lettura di domenica (Gb 7,1-4.6-7): «L'uomo non compie forse un duro servizio sulla terra? A me sono toccati mesi d'illusione e notti di affanno mi sono state assegnate. I miei giorni scorrono più veloci d'una spola, svaniscono senza un filo di speranza».

Se dunque questa è la vita, che cosa vogliono dire – allora – i molti miracoli del Vangelo di oggi? Quale significato dobbiamo dare ad un racconto che ci appare così lontano ed irreale?

Troviamo risposta nella conclusione della pagina che abbiamo ascoltato, quando tutti cercano Gesù – nel tentativo di trattenere per sempre i prodigi del giorno precedente – e Gesù invece decide di andarsene altrove. Quei prodigi infatti non si possono trattenere per sempre: essi sono soltanto segni, testimonianze della benedizione di Dio, segni che illuminano il cammino ma non sostituiscono la storia. Per questo Gesù se ne va altrove: per testimoniare che la benedizione di Dio non accade per magìa, e non può certo essere trattenuta, ma va ricercata nella fatica di ogni giorno, nella salute e nella malattia, nella buona e nella cattiva sorte.

Appunto per questo Gesù se ne va altrove: e così raccomanda anche a noi di non trattenere quei piccoli segni di speranza che a volte si producono nella nostra esistenza, ma di viverli con gratitudine, come fossero una rivelazione. Essi certo non sono tutta la realtà della nostra vita, ben più complessa e difficile; ma sono segni, sono parola di Dio in cui credere e alla quale affidarci, sono testimonianza di una benedizione che rimane sempre, anche quando i segni si saranno spenti e la delusione si farà sentire.

Sesta Domenica del Tempo Ordinario

Parole e silenzi davanti alla malattia

Marco 1,40-45

In quel tempo, venne da Gesù un lebbroso, che lo supplicava in ginocchio e gli diceva: «Se vuoi, puoi purificarmi!». Ne ebbe compassione, tese la mano, lo toccò e gli disse: «Lo voglio, sii purificato!». E subito la lebbra scomparve da lui ed egli fu purificato. E, ammonendolo severamente, lo cacciò via subito e gli disse: «Guarda di non dire niente a nessuno; va', invece, a mostrarti al sacerdote e offri per la tua purificazione quello che Mosè ha prescritto, come testimonianza per loro». Ma quello si allontanò e si mise a proclamare e a divulgare il fatto, tanto che Gesù non poteva più entrare pubblicamente in una città, ma rimaneva fuori, in luoghi deserti; e venivano a lui da ogni parte.

La malattia è esperienza comune, che spesso tocca e segna la nostra esistenza. Molte volte essa entra con brutalità nella vita, creando sconforto e solitudine. Pensiamo al cancro, malattia che fatichiamo perfino a nominare: il cancro crea solitamente un irrazionale silenzio attorno alla persona che ne viene colpita. Certo, oggi sappiamo di avere a disposizione terapie efficaci, impensabili solo dieci anni fa: e tuttavia il cancro continua a farci paura, al punto che evitiamo di parlarne, soprattutto con chi ne è ammalato.

In qualche modo sembra così riprodursi la situazione descritta dal libro del Levitico nella prima lettura di questa domenica a proposito del malato di lebbra: «Sarà impuro finché durerà in lui il male; e, impuro, se ne starà solo, abiterà fuori dell'accampamento» (cf. Lv 13,1-2.45-46). Solo doveva vivere il malato di lebbra: lo imponeva la necessità igienica di prevenire altri contagi. Questa solitudine «preventiva» dava però evidenza a quella ben più insopportabile solitudine interiore che il malato avvertiva dentro di sé. Solo con sé stesso era in quei giorni il lebbroso come appunto soli e ammutoliti ci ritroviamo noi oggi davanti alla malattia che insidia la nostra vita. Ci ritroviamo soli e costretti al silenzio, perché sappiamo che – in ultimo – quella malattia rimane soltanto nostra, nonostante le cure efficaci dei medici e l'affetto consolante degli amici: siamo noi a doverne portare il peso e siamo noi a doverla combattere, rischiando la nostra stessa vita.

Questa solitudine viene però infranta dal Vangelo di Gesù. Anche in quel tempo – nel tempo di Gesù – la malattia creava sconforto e solitudine: erano ancora tanti i lebbrosi tenuti ai margini delle città. E dunque colpisce il racconto evangelico che ascoltiamo questa domenica: soprattutto colpisce l'invocazione del lebbroso, che rompe l'irrazionale silenzio della malattia; e colpisce il gesto di Gesù, che mosso a compassione stende la mano e tocca il lebbroso. Il Vangelo di Gesù infrange la solitudine della malattia, e ridona all'uomo malato quella parola che aveva smarrito.

Appunto la parola può ridare speranza alla nostra vita. Perché attraverso la parola noi possiamo esprimere le paure e le attese che abbiamo in cuore; e possiamo soprattutto fare memoria di quelle gioie del tempo passato che oggi sembrano minacciate ma che allora ci parvero belle e promettenti. Così la parola ci strappa all'irrazionale silenzio della malattia; e ci permette di chiedere aiuto, facendoci riconoscere la nostra debolezza, ma anche facendoci riassaporare le speranze di un tempo. Proprio come fece quel lebbroso, che – venuto da Gesù – «lo supplicava in ginocchio e gli diceva: Se vuoi, puoi purificarmi!» (Mc 1,40).

Tuttavia della parola non bisogna abusare. «Guarda di non dire niente a nessuno» (Mc 1,44) – raccomanda Gesù al lebbroso guarito, invitandolo ad evitare le chiacchiere inutili: come se soltanto il silenzio potesse custodire la speranza di quel giorno, trasformandola in speranza per sempre. Della parola non bisogna abusare: perché se della parola abbiamo bisogno per chiedere aiuto e così riassaporare le speranze di un tempo, abbiamo bisogno anche del silenzio per custodire nel cuore l'aiuto e la speranza ricevuti.

Davanti alla malattia non ci resta allora che implorare questa parola che salva e questo silenzio che custodisce: al di là di ogni triste solitudine e di ogni chiacchiera inutile.

Settima Domenica del Tempo Ordinario

Quando il perdono è più importante della salute

Marco 2,1-12

Gesù entrò di nuovo a Cafàrnao, dopo alcuni giorni. Si seppe che era in casa e si radunarono tante persone che non vi era più posto neanche davanti alla porta; ed egli annunciava loro la Parola. Si recarono da lui portando un paralitico, sorretto da quattro persone. Non potendo però portarglielo innanzi, a causa della folla, scoperchiarono il tetto nel punto dove egli si trovava e, fatta un'apertura, calarono la barella su cui era adagiato il paralitico. Gesù, vedendo la loro fede, disse al paralitico: «Figlio, ti sono perdonati i peccati». Erano seduti là alcuni scribi e pensavano in cuor loro: «Perché costui parla così? Bestemmia! Chi può perdonare i peccati, se non Dio solo?». E subito Gesù, conoscendo nel suo spirito che così pensavano tra sé, disse loro: «Perché pensate queste cose nel vostro cuore? Che cosa è più facile: dire al paralitico "Ti sono perdonati i peccati", oppure dire "Àlzati, prendi la tua barella e cammina"? Ora, perché sappiate che il Figlio dell'uomo ha il potere di perdonare i peccati sulla terra, dico a te – disse al paralitico –: àlzati, prendi la tua barella e va' a casa tua». Quello si alzò e subito prese la sua barella e sotto gli occhi di tutti se ne andò, e tutti si meravigliarono e lodavano Dio, dicendo: «Non abbiamo mai visto nulla di simile!».

Certo che deve esserci stato male quel paralitico al sentire le parole di Gesù: «Figliolo, ti sono perdonati i peccati» (Mc 2,5). Ma come – si sarà chiesto – io sono qui per essere guarito, sono qui per riacquistare la salute: cosa c'entrano i miei peccati?

Così forse pensava il paralitico, davanti a quell'inaspettato atteggiamento di Gesù, che ci viene raccontato nel Vangelo di questa domenica. E così forse pensiamo noi, fatti spettatori di questa scena: come osa il Maestro parlare di peccati ad un povero paralitico, che già tanti torti ha subito dal destino – e magari anche dagli uomini? Quali peccati potranno mai essere più dolorosi della malattia che lo inchioda su quella barella?

Sono queste domande legittime, domande che ci sorgono spontanee quando sperimentiamo sofferenze e malattie. Sono interrogativi veri ed autentici: ma essi rivelano anche la nostra poca fede. Perché certo non può credere in Dio chi non è capace di chiedere perdono a Dio.

Noi oggi quasi neppure più sappiamo che cosa sia un peccato: ci perdoniamo da soli ogni cosa, ancora prima di riconoscere le nostre colpe; e dunque ci risulta difficile chiedere perdono; soprattutto non sopportiamo che siano gli altri a doverci perdonare. Ma in questo modo, non soltanto viene a mancare la richiesta di perdono: ogni altra richiesta svanisce in fretta. E noi ci ritroviamo così soli con noi stessi: soli con la nostra autosufficienza, con i nostri progetti, con le nostre attese; ma anche soli con il nostro isolamento, con i nostri fallimenti, con le nostre paure. Ci ritroviamo soli, incapaci a richiedere aiuto, e dunque – in ultimo – incapaci a credere in quel Dio che potrebbe dare speranza ai nostri giorni, che potrebbe portare una felice novità nella nostra vita...

Lo conferma il profeta Isaia nella prima lettura di questa domenica (Is 43,18-19.21-22.24-25): «così dice il Signore: Non ricordate più le cose passate, non pensate più alle cose antiche! Ecco, faccio una cosa nuova: proprio ora germoglia, non ve ne accorgete?». No, purtroppo noi non ce ne accorgiamo: perché non sappiamo riconoscere le nostre colpe, e non siamo capaci di chiedere perdono per i nostri peccati. Ci accade così di rimanere paralizzati nel ricordo delle cose passate, impigliati nel pensiero del male antico che ha segnato e continua a segnare i nostri giorni.

Soltanto un'invocazione accorata potrà ridare libertà alla nostra vita; soltanto una sincera richiesta di perdono potrà far germogliare quella speranza nuova che cerchiamo. Così fece di fatto il paralitico, quel giorno, dopo lo smarrimento iniziale: e riebbe la salute. E appunto così possiamo fare anche noi in questa domenica, all'inizio di una nuova settimana: la risposta del Signore certo non si farà attendere.

Ottava Domenica del Tempo Ordinario

Un tempo per credere

Marco 2,18-22

In quel tempo, i discepoli di Giovanni e i farisei stavano facendo un digiuno. Vennero da Gesù e gli dissero: «Perché i discepoli di Giovanni e i discepoli dei farisei digiunano, mentre i tuoi discepoli non digiunano?». Gesù disse loro: «Possono forse digiunare gli invitati a nozze, quando lo sposo è con loro? Finché hanno lo sposo con loro, non possono digiunare. Ma verranno giorni quando lo sposo sarà loro tolto: allora, in quel giorno, digiuneranno. Nessuno cuce un pezzo di stoffa grezza su un vestito vecchio; altrimenti il rattoppo nuovo porta via qualcosa alla stoffa vecchia e lo strappo diventa peggiore. E nessuno versa vino nuovo in otri vecchi, altrimenti il vino spaccherà gli otri, e si perdono vino e otri. Ma vino nuovo in otri nuovi!».

Nel libro del Qoèlet sta scritto: «C'è un tempo per nascere e un tempo per morire, un tempo per piangere e un tempo per ridere, un tempo per gemere e un tempo per danzare. C'è un tempo per cercare e un tempo per perdere, un tempo per stracciare e un tempo per cucire, un tempo per tacere e un tempo per parlare» (Qo 3,1ss.).

Mi è capitato di rileggere queste parole nei giorni scorsi; e sono rimasto colpito dallo straordinario realismo di questa antica pagina della Bibbia. Perché davvero il tempo della nostra vita si presenta come lo descriveva il saggio Qoèlet: sempre diverso, in movimento, mutevole. A volte noi vorremmo fermare questo rincorrersi del tempo, vorremmo evitare la fatica quotidiana degli imprevisti, vorremmo quasi trovare una regola generale – chiara e distinta – che ci permetta di interpretare una volta per tutte la nostra vita.

Così mostrano di sentire e di pensare anche quei discepoli di Giovanni e quei farisei che interrogano Gesù a proposito del digiuno, come leggiamo nel Vangelo di questa domenica. Essi digiunano: per loro è appunto una regola, una prescrizione chiara e distinta. Non hanno bisogno di osservare i tempi che cambiano per decidere se e quando digiunare: il digiuno – come per altro tutto quello che fanno – è per essi una sorta di «fissazione». E dunque sono infastiditi dal fatto che i discepoli di Gesù non digiunino: perché quell'atteggiamento mette in crisi la loro regola sicura, e getta un'ombra di dubbio sulle loro certezze.

In realtà sono proprio le loro certezze a rivelarsi miopi e chiuse. Già una volta Gesù li aveva rimproverati: «Ipocriti! Sapete giudicare l'aspetto della terra e del cielo – se farà brutto o se farà bello – come mai questo tempo non sapete giudicarlo?» (Lc 13,56s). I discepoli di Giovanni e i farisei sanno giudicare il tempo che farà; sanno tutte le regole del digiuno; sanno a memoria i precetti della legge; e tuttavia non sanno vedere la benedizione divina che sostiene la loro vita. Essi attendono un segno grandioso che manifesti la venuta di Dio: ma in ultimo non sono capaci di interpretare i segni di Dio presenti nel variare dei tempi; e così non riescono neppure a riconoscere il tempo della venuta di Dio.

Diversamente fanno invece i discepoli di Gesù: nel variare dei tempi essi hanno riconosciuto il tempo della venuta di Dio. E allora non possono digiunare, non possono rinchiudersi nelle strettoie di una tradizione miope e chiusa: perché in Gesù essi hanno visto il rinnovarsi della benedizione divina, hanno sperimentato quella fedeltà eterna che Dio già aveva promesso per bocca del profeta Osea (cf. la prima lettura di questa domenica: Os 2,16.17.21-22).

Allo stesso modo possiamo fare anche noi: pure noi possiamo vivere quello che i discepoli di Gesù hanno sperimentato. È vero, le nostre paure e i nostri pregiudizi ci rendono spesso miopi e chiusi; come i discepoli di Giovanni e i farisei assomigliamo a «quei bambini che stando in piazza gridano gli uni agli altri: vi abbiamo suonato il flauto e non avete ballato, vi abbiamo cantato un lamento e non avete pianto» (Lc 7,32). Davanti alla musica della vita noi siamo appunto annoiati ed indifferenti come quei bambini: siamo incapaci di vedere fra le molteplici note della nostra esistenza l'armonia benedetta di Dio.

Ma quella musica – la musica della vita – continua comunque a suonare: e non è mai troppo tardi per credere alla bellezza che essa nasconde.

Nona Domenica del Tempo Ordinario

Ricordati di santificare le feste

Marco 2,23 - 3,6

In quel tempo, di sabato Gesù passava fra campi di grano e i suoi discepoli, mentre camminavano, si misero a cogliere le spighe. I farisei gli dicevano: «Guarda! Perché fanno in giorno di sabato quello che non è lecito?». Ed egli rispose loro: «Non avete mai letto quello che fece Davide quando si trovò nel bisogno e lui e i suoi compagni ebbero fame? Sotto il sommo sacerdote Abiatàr, entrò nella casa di Dio e mangiò i pani dell'offerta, che non è lecito mangiare se non ai sacerdoti, e ne diede anche ai suoi compagni!». E diceva loro: «Il sabato è stato fatto per l'uomo e non l'uomo per il sabato! Perciò il Figlio dell'uomo è signore anche del sabato». Entrò di nuovo nella sinagoga. Vi era lì un uomo che aveva una mano paralizzata, e stavano a vedere se lo guariva in giorno di sabato, per accusarlo. Egli disse all'uomo che aveva la mano paralizzata: «Àlzati, vieni qui in mezzo!». Poi domandò loro: «È lecito in giorno di sabato fare del bene o fare del male, salvare una vita o ucciderla?». Ma essi tacevano. E guardandoli tutt'intorno con indignazione, rattristato per la durezza dei loro cuori, disse all'uomo: «Tendi la mano!». Egli la tese e la sua mano fu guarita. E i farisei uscirono subito con gli erodiani e tennero consiglio contro di lui per farlo morire.

«Ricordati di santificare le feste».

Così recita il terzo comandamento del Decalogo. Si tratta di un precetto antico, che ha radici nella lunga storia di Israele e che è stato trasmesso fino a noi dalla tradizione cristiana. Un precetto antico, che oggi sembra quasi passato di moda, ma che soltanto fino a cinquant'anni fa era ritenuto inviolabile, almeno nelle nostre campagne.

Mia nonna mi raccontava spesso di quanto fosse importante la festa, la domenica, nella civiltà contadina della sua giovinezza. Allora era proibito lavorare di festa: certo, i contadini foraggiavano ugualmente il bestiame, era necessario; e tuttavia evitavano ogni altro lavoro non indispensabile. Perché di festa si indossava l'abito bello, si andava alla messa, si partecipava al Vespro, e si trovava anche il tempo per chiacchierare un po' con i compaesani, sulla piazza della chiesa.

Oggi questo mondo non c'è più: e non soltanto perché la nostra società non è più cristiana come allora; ma anche perché gli stessi cristiani ritengono quasi superato il precetto del riposo festivo. E lo fanno appellandosi proprio a quella sentenza di Gesù che ascoltiamo nel Vangelo di questa domenica: «Il sabato è stato fatto per l'uomo e non l'uomo per il sabato».

È vero, Gesù condanna l'interpretazione legalistica del precetto festivo operata dai farisei: perché non si può legare la propria vita, e soprattutto la vita degli altri, a qualche rigida regola; e dunque non si può ignorare quell'uomo che ha la mano inaridita soltanto perché è sabato. Il sabato è stato fatto anche per quell'uomo, per ogni uomo, e non l'uomo per il sabato.

Ma in questo modo Gesù non fa che ribadire l'importanza del riposo festivo: appunto in quanto è per l'uomo il sabato va custodito e praticato. Santificare le feste significa infatti ridare libertà alla vita dell'uomo. Perché oggi il nostro tempo è stato ridotto a tempo di lavoro, tempo febbrile, tempo misurato dall'accumulo della ricchezza: tempo in cui gli altri diventano soci, colleghi o capi, e quasi mai assumono il volto di fratelli.

Proprio da questo tempo indaffarato ci libera il riposo festivo: perché crea una pausa nel rincorrersi dei nostri impegni, concede un respiro nel trascorre sempre uguale dei nostri giorni; e soprattutto ci fa ricordare il Signore Dio nostro, lui che terminata la creazione vide come tutto era buono e il settimo giorno si riposò.

A questa memoria del Signore Dio nostro vogliamo dunque affidarci, celebrando insieme il giorno festivo: perché anche le nostre opere, gli impegni e le fatiche quotidiane, diventino opere buone e belle.

Decima Domenica del Tempo Ordinario

La possibilità dell'inferno e la forza della fede

Marco 3,20-35

In quel tempo, Gesù entrò in una casa e di nuovo si radunò una folla, tanto che non potevano neppure mangiare. Allora i suoi, sentito questo, uscirono per andare a prenderlo; dicevano infatti: «È fuori di sé». Gli scribi, che erano scesi da Gerusalemme, dicevano: «Costui è posseduto da Beelzebùl e scaccia i demòni per mezzo del capo dei demòni». Ma egli li chiamò e con parabole diceva loro: «Come può Satana scacciare Satana? Se un regno è diviso in se stesso, quel regno non potrà restare in piedi; se una casa è divisa in se stessa, quella casa non potrà restare in piedi. Anche Satana, se si ribella contro se stesso ed è diviso, non può restare in piedi, ma è finito. Nessuno può entrare nella casa di un uomo forte e rapire i suoi beni, se prima non lo lega. Soltanto allora potrà saccheggiargli la casa. In verità io vi dico: tutto sarà perdonato ai figli degli uomini, i peccati e anche tutte le bestemmie che diranno; ma chi avrà bestemmiato contro lo Spirito Santo non sarà perdonato in eterno: è reo di colpa eterna». Poiché dicevano: «È posseduto da uno spirito impuro». Giunsero sua madre e i suoi fratelli e, stando fuori, mandarono a chiamarlo. Attorno a lui era seduta una folla, e gli dissero: «Ecco, tua madre, i tuoi fratelli e le tue sorelle stanno fuori e ti cercano». Ma egli rispose loro: «Chi è mia madre e chi sono i miei fratelli?». Girando lo sguardo su quelli che erano seduti attorno a lui, disse: «Ecco mia madre e i miei fratelli! Perché chi fa la volontà di Dio, costui per me è fratello, sorella e madre».

I cristiani che credono all'inferno sono ormai pochi. Bisogna riconoscere che anche i preti si mostrano assai comprensivi nei confronti di questa refrattarietà del cristiano illuminato e misericordioso al pensiero dell'inferno, e ne parlano il meno possibile; anzi, non ne parlano per nulla. Si tratta di linguaggio politicamente corretto, oppure non ci credono neppure loro?

Dobbiamo francamente riconoscere che la negazione dell'inferno non nasce tanto dal nostro timore di far torto a Dio ammettendone la possibilità, quanto piuttosto dal nostro timore di aggravare troppo la condizione di questo povero uomo ansioso, qualora non lo esonerassimo da un tale pensiero. Si nega l'inferno su per giù come si nega la morte, nonostante questa sia un'evidenza inconfutabile. Si nega la morte soprattutto di fronte a colui che più da vicino ne è minacciato. Si dispera di poter affrontare vittoriosamente la morte.

Sfuggirne il pensiero è come arrendersi alla sua prepotenza. Si nega l'inferno, cosi paradossalmente possiamo dire, perché ci si crede troppo: e cioè, perché l'invadenza di quel sentimento d'angoscia subito approfitterebbe in maniera indiscriminata di una tale ammissione. Abbiamo bisogno d'essere assicurati in anticipo che, in ogni modo, questo non accadrà. Troppo poco crediamo infatti alla nostra libertà: a quella libertà che può scegliere la fede, l'invocazione, la domanda dì perdono, nella certezza che mai e per nessun motivo Dio resisterà a chi lo invoca. Questa appunto è l'infinita sua misericordia. Non invece quella che, per assicurare il destino dell'uomo, decidesse di prescindere dalla sua libertà.

L'opposto della fede che salva, e cioè il sospetto che danna, è descritto dunque nel Vangelo odierno come bestemmia contro lo Spirito Santo. L'occasione è offerta a Gesù da quelli che dicevano di lui: «È posseduto da uno spirito impuro». Dicevano questo a commento dei suoi miracoli. Anche i parenti di Gesù dicevano qualche cosa di simile: non proprio «è posseduto da uno spirito impuro», ma, «è fuori di sé», è matto, bisogna impedirgli di farsi male, e di farci male: «uscirono per andare a prenderlo».

I parenti di Gesù, e in modo diverso gli scribi, si difendono nei confronti della «provocazione» che il comportamento di Gesù costituisce per tutti loro. Anche se quello che egli fa e dice non si riferisce immediatamente alla loro persona, essi sentono che la loro vita è come scossa e inquietata nelle sue certezze e nelle sue abitudini. Occorre dunque delimitare, circoscrivere, definire e certo alla fine giudicare la persona di Gesù, per liberare la propria vita dall'ansia ch'egli mette addosso. Occorre negare lo Spirito, così appunto Gesù interpreta il loro modo di sentire e di fare. Lo Spirito, si sa, è come il vento: ti raggiunge per vie che tu non sai; senti la sua voce, ma non sai da dove venga, né dove vada. Per questo la sua voce è «provocatoria»: esautora infatti ogni nostra voce troppo sicura, ogni nostra sentenza passata in giudicato, ogni teorema che si supponeva accertato al di là e al di sopra della scelta di oggi.

Imperdonabile, dice Gesù, è proprio quest'uomo, che si ostina a proclamare sentenze, nelle quali già ha finito di credere, ma alle quali ha paura di rinunciare. L'involucro di parole, mediante le quali cerca di vestire il proprio nulla, non rimedia al nulla, e impedisce allo Spirito di Dio di riempirlo.

Undicesima Domenica del Tempo Ordinario

Obbedienza autentica e obbedienza ottusa

Marco 4,26-32

In quel tempo, Gesù diceva [alla folla]: «Così è il regno di Dio: come un uomo che getta il seme sul terreno; dorma o vegli, di notte o di giorno, il seme germoglia e cresce. Come, egli stesso non lo sa. Il terreno produce spontaneamente prima lo stelo, poi la spiga, poi il chicco pieno nella spiga; e quando il frutto è maturo, subito egli manda la falce, perché è arrivata la mietitura». Diceva: «A che cosa possiamo paragonare il regno di Dio o con quale parabola possiamo descriverlo? È come un granello di senape che, quando viene seminato sul terreno, è il più piccolo di tutti i semi che sono sul terreno; ma, quando viene seminato, cresce e diventa più grande di tutte le piante dell'orto e fa rami così grandi che gli uccelli del cielo possono fare il nido alla sua ombra». Con molte parabole dello stesso genere annunciava loro la Parola, come potevano intendere. Senza parabole non parlava loro ma, in privato, ai suoi discepoli spiegava ogni cosa.

Le parabole di Gesù sempre da capo interpellano e vanno interpretate.

«Così è il regno di Dio: come un uomo che getta il seme sul terreno; dorma o vegli, di notte o di giorno, il seme germoglia e cresce. Come, egli stesso non lo sa». Che cosa vuol dire?

Un'interpretazione che si raccomanda come ovvia pare essere questa: getta il seme per terra, e cioè credi nella parola di Gesù, obbedisci ai suoi comandamenti, e, per il resto non ti occupare di nulla; non domandare, e non cercare di capire a che cosa serve tutto quello che fai: non ci riusciresti, anzi forse ti scoraggeresti; esegui come un servo fedele il tuo compito, e lascia al segreto del tuo padrone di portare a compimento la tua opera. È interpretazione giusta? Certo non è sbagliata. E tuttavia non dice tutta la verità, e anzi qualcuno potrebbe intendere male anche la verità che con quelle parole è detta. Intenderebbe male chi vi scorgesse un'autorizzazione, o addirittura un invito a non pensare alla spiga, né al chicco pieno nella spiga; un invito dunque a non avere speranze precise, a proposito del frutto delle proprie fatiche. Intenderebbe male chi vedesse nella parabola un incoraggiamento a quel modello di vita imperturbabile, puntiglioso nella fedeltà al dovere, un po' pedante ed ottuso, che è modello non proprio raro, specie tra le persone devote. Di fronte agli eventi sconvolgenti, di fronte alle attese smisurate del prossimo, di fronte allo scandalo di un mondo nel quale sembra svanire ogni traccia di Dio, di fronte all'inutilità della fede, queste persone non solo non hanno alcuna risposta, in questo non c'è differenza tra loro e gli altri, ma non hanno alcun disagio, alcun desiderio, alcuno sconcerto, alcuna protesta, forse neppure alcuna preghiera. Quando ciò si verifichi, allora è segno che le parole supreme dell'obbedienza cristiana, e cioè «sia fatta la tua volontà», si sono convertite e corrotte fino a significare esattamente l'opposto dell'autentica fede.

«Sia fatta la tua volontà» vuol dire più o meno così: ecco, vedi, Signore, io ho cercato con tutte le mie energie quello che tu mi hai insegnato ad amare e a sperare; ma sono sempre da capo di fronte all'enorme sproporzione tra ciò che ho iniziato e ciò che ho sperato; metto la mia opera incompiuta nelle tue mani, e sia che dorma sia che vegli, nel profondo del mio cuore rimango costantemente in attesa del frutto maturo che tu soltanto potrai aggiungere a ciò che io ho seminato.

«Sia fatta la tua volontà» vuol dire anche: Signore, vedi, quando la tua promessa e il tuo comandamento raggiungono la mia vita e si concretano in desideri, sentimenti, azioni mie, sembra quasi inevitabile che essi insieme si ispessiscano, perdano la loro trasparenza, diventino la «mia» volontà; diventino dunque anche una volontà un po' ossessiva, che tanto più si irrigidisce nei suoi propositi e nelle sue iniziative quanto più avverte la propria debolezza; non voglio che accada questo; perciò mi affretto a mettere ogni mia opera e ogni mio desiderio nelle tue mani, perché tu possa da capo sempre rigenerarli e impedire che il mio cuore indurisca.

Quando le parole dell'obbedienza si corrompono, esse invece vengono a significare questo: Signore, il massimo che io posso fare è osservare la legge; capire il disegno è impresa troppo ardua; non ti chiedo tanto; ma neppure tu puoi chiedermi più di tanto; ti basti quello che io faccio e per il resto fai quello che vuoi. Si capisce subito che queste non sono le parole della fede. Sono però parole ottuse che facilmente si infilano nell'anima.

Dodicesima Domenica del Tempo Ordinario

Incredulità e fede

Marco 4,35-41

In quel giorno, venuta la sera, Gesù disse ai suoi discepoli: «Passiamo all'altra riva». E, congedata la folla, lo presero con sé, così com'era, nella barca. C'erano anche altre barche con lui. Ci fu una grande tempesta di vento e le onde si rovesciavano nella barca, tanto che ormai era piena. Egli se ne stava a poppa, sul cuscino, e dormiva. Allora lo svegliarono e gli dissero: «Maestro, non t'importa che siamo perduti?». Si destò, minacciò il vento e disse al mare: «Taci, calmati!». Il vento cessò e ci fu grande bonaccia. Poi disse loro: «Perché avete paura? Non avete ancora fede?». E furono presi da grande timore e si dicevano l'un l'altro: «Chi è dunque costui, che anche il vento e il mare gli obbediscono?».

Il racconto della tempesta sul lago appare strano e incredibile, come un po' tutti i miracoli di Gesù, ma più ancora degli altri. Irreale è quell'espressione «minacciò il vento» e quell'ordine al mare «taci, calmati!». Più comprensibile, pur nell'innegabile estraneità rispetto ai nostri modi di pensare, è il fatto che Gesù sgridi un demonio, uno spirito immondo che tormenta l'uomo dal di dentro. Certo non lo chiamiamo demonio, ma anche noi consideriamo come un nemico, a cui viene voglia di gridare, quello che abita dentro un uomo fuori di sé.

Tuttavia anche in questo racconto c'è un'espressione che subito ci colpisce, ci appare vicina e parlante. È quell'espressione dei discepoli, così chiara ed audace: «Maestro, non ti importa che siamo perduti?». Forse non abbiamo mai trovato parole tanto esplicite per dire il nostro lamento di fronte a Dio; o addirittura non troviamo alcuna parola per dire quel lamento; esso rimane allora dentro di noi come un tormento ed un dubbio oscuro. Ma quando ci è concesso di udire queste parole franche, spontanea è la gratitudine per i discepoli: sì, proprio così, anche noi volevamo dire questo.

L'intuizione immediata chiede di farsi meditazione più esplicita e pacata: che senso ha, e che valore, questo rimprovero di disinteresse rivolto a Dio, e rivolto anche a Gesù, che si è assunto il compito di difendere l'onore di Dio in mezzo agli uomini? Il senso del rimprovero è quello che deriva da un'esperienza facile, che in molte forme si ripete nella vita di tutti: l'esperienza è anzitutto quella del pericolo, della minaccia a cui è esposta la nostra vita; ma oltre a ciò è l'impressione che il pericolo sia cieco, e quindi assolutamente incontrollabile; forze e avvenimenti che ci minacciano nulla sanno di noi e del nostro desiderio, delle attese e delle fatiche in mezzo alle quali procede la nostra vita. L'impressione è dunque quella di un pericolo brutale: «brutale» è infatti tutto ciò che calpesta la vita senza conoscerne il valore.

Così, appunto, è la tempesta sul lago; la fragilità della barca, e della vita umana nella barca, contrasta inerme con la violenza del vento e del mare; sembra appunto che in quel contrasto la vita umana non valga più nulla: «Non ti importa che siamo perduti?». Lo spreco della vita umana sembra accusare un'incomprensibile indifferenza di Dio.

Possiamo allora forse cominciare ad intuire il senso profetico e misterioso del gesto di Gesù. Egli «minaccia» il vento e dà ordini al mare. Impone la forza delle sue parole sugli elementi ciechi e muti che opprimono la vita dell'uomo. «Minaccia» gli elementi indistinti, così come «minaccia» i demoni. Rivela in tal modo come la parola di Dio sia più forte del caos incombente; il suo silenzio è soltanto di un momento, ma la parola rimane per sempre. L'uomo non può precipitare il suo giudizio, e immediatamente riferire a Dio l'apparente brutalità degli elementi che mettono in pericolo la sua vita.

Gesù non «minaccia» soltanto il vento e il mare, ma rimprovera anche i suoi discepoli. «Perché avete paura? Non avete ancora fede?». E in che cosa altro potrebbe consistere la fede, se non in questa disponibilità dell'uomo ad attendere con fiducia e costanza la parola di Dio, al di là del suo sonno e del suo silenzio momentanei, senza arrendersi all'insinuazione impossibile che a Dio non importi nulla della vita umana?

Il sonno di Gesù sulla barca parla della sua debolezza umana; annuncia simbolicamente la sua morte, che è l'espressione suprema della debolezza e dell'abbandono. Il sonno è un po' come la morte; ma soprattutto la sua morte è come un sonno: neppure allora i discepoli dovranno precipitare la sentenza, ma dovranno piuttosto attendere e invocare con fiducia il suo risveglio.

Gesù rimprovera i discepoli con le sue parole, oppure li consola? Non è così sicura e chiara l'alternativa. Spesso la consolazione di Dio suona alle nostre orecchie come un rimprovero. Spesso i suoi gesti inauditi suscitano timore, mescolato a gioia grande. Non è solo in questa pagina, ma anche nell'ultima pagina del vangelo che il risveglio di Gesù riempie di grande timore: le donne al ritorno dal sepolcro «non dissero niente a nessuno, perché erano impaurite» (Mc 16,8). Ma non avevano solo paura, tornarono «con timore e gioia grande», dice Matteo (28,8). E allora di nuovo si chiesero: «Chi è dunque costui?». Erano ormai però vicine alla risposta, questa volta soltanto consolante, e senza più timore.

Tredicesima Domenica del Tempo Ordinario

La paura, il trambusto e la forza tranquilla di Gesù

Marco 5,21-43

In quel tempo, essendo Gesù passato di nuovo in barca all'altra riva, gli si radunò attorno molta folla ed egli stava lungo il mare. E venne uno dei capi della sinagoga, di nome Giàiro, il quale, come lo vide, gli si gettò ai piedi e lo supplicò con insistenza: «La mia figlioletta sta morendo: vieni a imporle le mani, perché sia salvata e viva». Andò con lui. Molta folla lo seguiva e gli si stringeva intorno. Ora una donna, che aveva perdite di sangue da dodici anni e aveva molto sofferto per opera di molti medici, spendendo tutti i suoi averi senza alcun vantaggio, anzi piuttosto peggiorando, udito parlare di Gesù, venne tra la folla e da dietro toccò il suo mantello. Diceva infatti: «Se riuscirò anche solo a toccare le sue vesti, sarò salvata». E subito le si fermò il flusso di sangue e sentì nel suo corpo che era guarita dal male. E subito Gesù, essendosi reso conto della forza che era uscita da lui, si voltò alla folla dicendo: «Chi ha toccato le mie vesti?». I suoi discepoli gli dissero: «Tu vedi la folla che si stringe intorno a te e dici: "Chi mi ha toccato?"». Egli guardava attorno, per vedere colei che aveva fatto questo. E la donna, impaurita e tremante, sapendo ciò che le era accaduto, venne, gli si gettò davanti e gli disse tutta la verità. Ed egli le disse: «Figlia, la tua fede ti ha salvata. Va' in pace e sii guarita dal tuo male». Stava ancora parlando, quando dalla casa del capo della sinagoga vennero a dire: «Tua figlia è morta. Perché disturbi ancora il Maestro?». Ma Gesù, udito quanto dicevano, disse al capo della sinagoga: «Non temere, soltanto abbi fede!». E non permise a nessuno di seguirlo, fuorché a Pietro, Giacomo e Giovanni, fratello di Giacomo. Giunsero alla casa del capo della sinagoga ed egli vide trambusto e gente che piangeva e urlava forte. Entrato, disse loro: «Perché vi agitate e piangete? La bambina non è morta, ma dorme». E lo deridevano. Ma egli, cacciati tutti fuori, prese con sé il padre e la madre della bambina e quelli che erano con lui ed entrò dove era la bambina. Prese la mano della bambina e le disse: «Talità kum», che significa: «Fanciulla, io ti dico: àlzati!». E subito la fanciulla si alzò e camminava; aveva infatti dodici anni. Essi furono presi da grande stupore. E raccomandò loro con insistenza che nessuno venisse a saperlo e disse di darle da mangiare.

Nel Vangelo di Marco, che ci accompagna in questo anno, la lotta di Gesù contro il male è il primo tratto distintivo della rivelazione messianica: il figlio di Maria si manifesta come Cristo proprio sconfiggendo il male, anzitutto la malattia fisica che ha la forza di devastare la speranza dei figli di Adamo. Il racconto che ascoltiamo questa domenica è in tal senso. Da una parte abbiamo un'illustrazione efficace di come i figli di Adamo reagiscono abitualmente di fronte alla malattia: alimentando la paura oppure creando trambusto; dall'altra ci viene presentata la forza tranquilla di Gesù che riesce a dominare anche la malattia mortale.

La paura della donna «che aveva perdite di sangue da dodici anni e aveva molto sofferto per opera di molti medici» esprime bene quella difficoltà che anche noi abbiamo nel nominare la malattia grave, pure oggi quando le conoscenze della scienza e, in particolare, della medicina ci hanno insegnato a dare un nome ed una cura a tutte le malattie. E tuttavia non basta chiamare il male con il suo nome per vincere la paura: la minaccia che la malattia annuncia non si cancella, perché nella lotta che si deve compiere contro di essa l'ammalato continua a sentirsi solo, e tale solitudine addirittura appare amplificata dal profilo tecnologico ed altamente specializzato delle terapie moderne. Da questo punto di vista il tanto parlare di medicina anche nel discorso comune e quotidiano odierno assomiglia alla situazione che Gesù trovò nella casa del capo della sinagoga, che lo aveva invitato a visitare la figlioletta malata, quando «vide trambusto e gente che piangeva e urlava forte». La cresciuta consapevolezza scientifica diventa infatti non di rado motivo di confusione, come nel caso attualissimo del dibattito sulle vaccinazioni obbligatorie, quando le certezze della scienza e la democrazia delle opinioni si scontrano: per cui, se da un lato non possiamo fare a meno di curarci con i più avanzati strumenti della medicina moderna, nello stesso tempo però ci rendiamo conto che la guarigione non può essere ridotta ad una operazione tecnica, ma deve fare i conti con la storia personale del malato.

Sullo sfondo dunque della paura e del trambusto che ci caratterizzano quando dobbiamo affrontare la malattia, la forza tranquilla con cui Gesù vince il male è davvero singolare ed inedita: «egli, cacciati tutti fuori, prese con sé il padre e la madre della bambina e quelli che erano con lui ed entrò dove era la bambina; prese la mano della bambina e le disse: "Talità kum", che significa: "Fanciulla, io ti dico: àlzati!"». La cura per i legami, quelli famigliari e quelli di affezione, testimonia una fede nella vittoria del bene che taglia alla radice ogni pretesa devastante della malattia. Gesù sapeva che «Dio non ha creato la morte e non gode per la rovina dei viventi» come leggiamo nella prima lettura di questa domenica (Sap 1,13-15; 2,23-24): e insieme ai genitori della fanciulla, mentre prendeva la mano della piccola, dava evidenza a questo legame con la creazione originaria, che fin dal principio è «molto buona», e restituiva a loro ed a noi la forza di lottare contro il male, senza che la paura prevalga e senza che il trambusto porti confusione.

Quattordicesima Domenica del Tempo Ordinario

La novità vera di Dio

Marco 6,1-6

In quel tempo, Gesù venne nella sua patria e i suoi discepoli lo seguirono. Giunto il sabato, si mise a insegnare nella sinagoga. E molti, ascoltando, rimanevano stupiti e dicevano: «Da dove gli vengono queste cose? E che sapienza è quella che gli è stata data? E i prodigi come quelli compiuti dalle sue mani? Non è costui il falegname, il figlio di Maria, il fratello di Giacomo, di Ioses, di Giuda e di Simone? E le sue sorelle, non stanno qui da noi?». Ed era per loro motivo di scandalo. Ma Gesù disse loro: «Un profeta non è disprezzato se non nella sua patria, tra i suoi parenti e in casa sua». E lì non poteva compiere nessun prodigio, ma solo impose le mani a pochi malati e li guarì. E si meravigliava della loro incredulità. Gesù percorreva i villaggi d'intorno, insegnando.

Dobbiamo ammetterlo: tutti siamo – almeno un po' – conservatori. Giovani e anziani, moderati e progressisti, tutti – in fondo – abbiamo paura della novità, dell'imprevisto, dell'inatteso: anche quando andiamo dietro all'ultima moda. Sì, perché anche in questo caso noi ci adeguiamo ad un modello ben preciso: un modello già seguito da altri, e quindi un modello per niente nuovo.

Ne abbiamo conferma analizzando la nostra società moderna. Oggi tutto viene presentato come nuovo: nuova generazione, nuove tendenze, nuova economia, nuovi mezzi di comunicazione, addirittura nuova evangelizzazione... Tutto oggi appare nuovo e proiettato al futuro: eppure, mai come oggi si percepisce una diffusa paura nei confronti del futuro e delle incognite che esso riserva. Alla fine, dietro al nuovo che luccica ci stanno cose ovvie e scontate, ci sta la difesa ostinata di quanto già si conosce e si possiede...

In questo senso noi assomigliamo molto a quella gente di Nazareth che si era raccolta nella sinagoga per ascoltare Gesù, come leggiamo nel Vangelo di questa domenica. Il figlio del falegname era ormai diventato una novità per quel piccolo mondo di pastori e contadini: avevano sentito i commenti lusinghieri che provenivano dai paesi vicini, dove Gesù aveva iniziato la sua missione; e dunque erano desiderosi di conoscere da vicino quel loro compaesano innovatore.

Accadde però che – alla fine dell'incontro – la gente di Nazareth rimase scandalizzata. «Da dove gli vengono queste cose? non è costui il falegname, il figlio di Maria?». Quella gente, in fondo, non sopportava che Gesù fosse così diverso ed imprevisto. Essi certo si attendevano un profeta saggio e generoso; ma lo attendevano comunque sapendo che era uno dei loro, e quindi dando per scontato chi fosse e che cosa annunciasse.

Ma Gesù non era soltanto uno dei loro: il suo Vangelo era destinato a sconvolgere le ovvie sicurezze di quel piccolo mondo. Appunto come il Maestro stesso aveva detto un giorno ai suoi discepoli: «Pensate che io sia venuto a portare pace sulla terra? No, vi dico, ma la divisione» (Lc 12,51).

Proprio così può succedere oggi, davanti alla finta pace del nostro luccicante mondo moderno. Noi oggi siamo tutti – almeno un po' – conservatori: perché certo è più facile seguire le ovvie sicurezze dei luoghi comuni piuttosto che rischiare scelte inattese. Eppure ci accorgiamo che questo atteggiamento accomodante non paga, in quanto le cose ovvie tendono facilmente a diventare cose banali, e dunque cose grigie e noiose. Accade così che ci ritroviamo sempre da capo delusi, nella nostalgia di un passato che pare comunque perduto oppure alla ricerca di una novità che sembra in ogni caso impossibile.

Appunto da una simile delusione ci vuole risollevare il Vangelo di Gesù. Esso è infatti l'annuncio di una novità vera, è la testimonianza di una novità possibile che può risvegliarci dalla banalità delle cose ovvie e scontate: una novità che è tale perché non viene dagli uomini, ma da Dio.

Esattamente questa novità di Dio ci viene ridonata ogni domenica, nel giorno del Signore: e noi possiamo accoglierla, se soltanto siamo capaci di sollevare lo sguardo dal chiuso del nostro piccolo mondo.

Quindicesima Domenica del Tempo Ordinario

Perdere la pazienza

Marco 6,7-13

In quel tempo, Gesù chiamò a sé i Dodici e prese a mandarli a due a due e dava loro potere sugli spiriti impuri. E ordinò loro di non prendere per il viaggio nient'altro che un bastone: né pane, né sacca, né denaro nella cintura; ma di calzare sandali e di non portare due tuniche. E diceva loro: «Dovunque entriate in una casa, rimanetevi finché non sarete partiti di lì. Se in qualche luogo non vi accogliessero e non vi ascoltassero, andatevene e scuotete la polvere sotto i vostri piedi come testimonianza per loro». Ed essi, partiti, proclamarono che la gente si convertisse, scacciavano molti demòni, ungevano con olio molti infermi e li guarivano.

Perdere la pazienza può essere una virtù?

A noi sembra impossibile, abituati come siamo a pensare la pazienza come una delle qualità più necessarie all'animo umano. Avere pazienza ci pare in ultimo l'atteggiamento migliore davanti alle avversità della vita.

Eppure il Vangelo di questa domenica afferma che anche perdere la pazienza può diventare una virtù. Così infatti sembra dire Gesù mandando i suoi discepoli in missione: «Se in qualche luogo non vi accogliessero e non vi ascoltassero, andatevene e scuotete la polvere sotto i vostri piedi come testimonianza per loro».

Noi forse ci saremmo aspettati parole diverse: magari parole di comprensione nei confronti di quegli uditori poco accoglienti. Soprattutto noi avremmo voluto sentire la parola tolleranza, questa parola magica che oggi sembra risolvere ogni dissidio. Sì, forse un po' più di tolleranza non sarebbe guastata nelle raccomandazioni di Gesù.

E invece no, il comando del Maestro è diverso: «Se non vi accogliessero e non vi ascoltassero, andatevene e scuotete la polvere sotto i vostri piedi». «Andatevene»: perché il missionario non può appoggiare la sua vita ad un mondo che ha deciso fin dal principio di far tacere la sua parola. Il missionario – come il profeta dell'antico Israele – deve parlare comunque: e quindi deve anche perdere la pazienza, davanti all'indifferenza o al rifiuto degli uditori.

Certo la tolleranza è anche un valore: e Gesù non mancò di testimoniarla nella sua vita. Ma non sempre è il tempo della tolleranza: ci sono infatti momenti in cui appaiono necessarie parole intransigenti. Come accadde quel giorno, durante il viaggio verso Gerusalemme, quando uno dei discepoli chiese a Gesù di andare a seppellire suo padre: «Lascia che i morti seppelliscano i loro morti – disse il Maestro con durezza – tu invece va', e annunzia il Regno di Dio» (Lc 9,60). O come accadde quando Gesù arrivò nel tempio della Città Santa, e rovesciò con violenza i tavoli dei venditori: «Avete fatto di questa casa un covo di ladri!» (cf. Lc 19,46).

Appunto, non sempre è il tempo della tolleranza: a volte ci vogliono parole intransigenti; ci vogliono cioè parole sincere, che sappiano rompere il cerchio insopportabile dell'indifferenza e dell'ipocrisia, testimoniando quella verità che non può essere nascosta.

Infatti, dietro alla tanto predicata tolleranza dei tempi moderni si nascondono facilmente proprio l'indifferenza e l'ipocrisia: da una parte l'indifferenza di chi non vuole mai compromettersi, difendendo sino alla fine il proprio piccolo mondo; ma dall'altra anche l'ipocrisia di chi vuole starsene comodo, e allora tollera gli altri affinché gli altri tollerino lui.

Purtroppo questo accade anche nelle nostre famiglie. Oggi sono meno frequenti i conflitti accesi tra genitori e figli: c'è più tolleranza, e dunque ci sono meno scontri. Ma dietro a questa tolleranza si insinua facilmente la rinuncia ad ogni cammino educativo: ad ogni cammino cioè che sappia condurre insieme genitori e figli verso traguardi più grandi. Certo, è più facile accontentarsi di piccoli compromessi, mettendo da parte rimproveri e tensioni: ma questa strada non sembra condurre molto lontano…

Quindi, a volte nella vita ci vogliono davvero parole intransigenti: «Se non vi ascoltassero, andatevene…», diceva Gesù. In questi casi, perdere la pazienza è una virtù. Naturalmente non è facile sapere quando davvero è il caso; non è facile cioè saper distinguere i tempi della pazienza dai tempi dell'intransigenza: non ci sono regole automatiche. Eppure ogni domenica nell'Eucaristia ci è donato lo Spirito di Gesù: e ci è donato appunto perché sappiamo riconoscere i tempi diversi della nostra vita, imparando ogni giorno che cosa è bene dire e che cosa è bene tacere.

Sedicesima Domenica del Tempo Ordinario

Le chiacchiere e il silenzio

Marco 6,30-34

In quel tempo, gli apostoli si riunirono attorno a Gesù e gli riferirono tutto quello che avevano fatto e quello che avevano insegnato. Ed egli disse loro: «Venite in disparte, voi soli, in un luogo deserto, e riposatevi un po'». Erano infatti molti quelli che andavano e venivano e non avevano neanche il tempo di mangiare. Allora andarono con la barca verso un luogo deserto, in disparte. Molti però li videro partire e capirono, e da tutte le città accorsero là a piedi e li precedettero. Sceso dalla barca, egli vide una grande folla, ebbe compassione di loro, perché erano come pecore che non hanno pastore, e si mise a insegnare loro molte cose.

Il Vangelo di questa domenica ci descrive una giornata particolarmente felice. Quel giorno infatti gli apostoli erano raggianti, addirittura euforici. Tornavano dalla loro prima missione, ed avevano molte cose da raccontare a Gesù. Era ancora ben presente al loro cuore la calda accoglienza ricevuta nei villaggi in cui avevano predicato: e volevano condividere la loro gioia con il Maestro che li aveva inviati.

Dunque quel giorno «gli apostoli si riunirono attorno a Gesù e gli riferirono tutto quello che avevano fatto e quello che avevano insegnato». Davanti ad una simile euforia noi ci saremmo aspettati una reazione altrettanto entusiasta di Gesù: in fondo era stato lui a mandare gli apostoli in missione; e quindi egli doveva essere contento che quella missione fosse andata a buon fine. La reazione di Gesù è però diversa: «Venite in disparte, voi soli, in un luogo deserto, e riposatevi un po'».

Certo colpiscono queste parole di Gesù: davanti al racconto concitato degli apostoli, egli invita alla solitudine e al silenzio. È come se avvertisse un rischio: il rischio che alla gioia pura della missione compiuta si sostituisca la gioia impura del successo riscosso; un rischio sottile ma insidioso, capace di vanificare qualsiasi opera buona. Perché non basta l'euforia del successo per avere la coscienza a posto: occorre qualcosa di diverso; occorre di nuovo cercare quella solitudine e quel silenzio che rendono genuina ogni opera compiuta.

Ce ne accorgiamo anche noi, in questi nostri giorni così concitati e chiassosi. Anche noi infatti avvertiamo il bisogno di fare silenzio. Sono davvero troppe le parole che ascoltiamo e diciamo; soprattutto passiamo troppe volte dall'euforia all'indifferenza, soggetti come siamo ai cambiamenti dell'umore e delle circostanze. Accade così che le nostre parole assumano facilmente la figura della chiacchiera: e cioè la figura del discorso inutile, che alimenta soltanto presunzioni e pregiudizi. Al punto che suona ancora attuale quanto leggiamo nell'Imitazione di Cristo, uno degli scritti più noti del Medioevo cristiano: «è più facile tacere del tutto, che conservare la misura della parola; è più facile nascondersi in casa, che sapersi sorvegliare a sufficienza quando si è fuori».

Gesù però non accetta questa amara conclusione: «Venite in disparte, voi soli, in un luogo deserto, e riposatevi un po'». Sì, riposatevi un po': perché è possibile evitare il rischio dell'euforia eccessiva; è possibile correggere la facile inclinazione alla chiacchiera inutile e falsa. Tutto questo è possibile se soltanto sappiamo riscoprire il gusto per la solitudine e per il silenzio; e cioè se soltanto siamo capaci di riconoscere che le nostre parole sono sempre insufficienti e richiedono sempre da capo l'ascolto di una parola che viene dall'alto.

Poi magari sarà difficile fuggire dalla folla che ogni giorno ci sommerge; e in certi casi sarà pure necessario rimanere con pazienza nell'agitarsi inquieto di questi nostri giorni concitati e chiassosi. Anche Gesù, quel giorno, «vide una grande folla» e allora riprese di nuovo a parlare, rinunciando alla solitudine ed al silenzio che desiderava; eppure la sua parola nasceva dall'ascolto, e non dalle chiacchiere. Così può avvenire anche per noi, se ci lasciamo guidare da lui, il buon pastore, che «su pascoli erbosi ci fa riposare, e ad acque tranquille ci conduce» (cf. Sal 22,2).

Diciassettesima Domenica del Tempo Ordinario

Egoismo o incredulità?

Giovanni 6,1-15

In quel tempo, Gesù passò all'altra riva del mare di Galilea, cioè di Tiberìade, e lo seguiva una grande folla, perché vedeva i segni che compiva sugli infermi. Gesù salì sul monte e là si pose a sedere con i suoi discepoli. Era vicina la Pasqua, la festa dei Giudei. Allora Gesù, alzàti gli occhi, vide che una grande folla veniva da lui e disse a Filippo: «Dove potremo comprare il pane perché costoro abbiano da mangiare?». Diceva così per metterlo alla prova; egli infatti sapeva quello che stava per compiere. Gli rispose Filippo: «Duecento denari di pane non sono sufficienti neppure perché ognuno possa riceverne un pezzo». Gli disse allora uno dei suoi discepoli, Andrea, fratello di Simon Pietro: «C'è qui un ragazzo che ha cinque pani d'orzo e due pesci; ma che cos'è questo per tanta gente?». Rispose Gesù: «Fateli sedere». C'era molta erba in quel luogo. Si misero dunque a sedere ed erano circa cinquemila uomini. Allora Gesù prese i pani e, dopo aver reso grazie, li diede a quelli che erano seduti, e lo stesso fece dei pesci, quanto ne volevano. E quando furono saziati, disse ai suoi discepoli: «Raccogliete i pezzi avanzati, perché nulla vada perduto». Li raccolsero e riempirono dodici canestri con i pezzi dei cinque pani d'orzo, avanzati a coloro che avevano mangiato. Allora la gente, visto il segno che egli aveva compiuto, diceva: «Questi è davvero il profeta, colui che viene nel mondo!». Ma Gesù, sapendo che venivano a prenderlo per farlo re, si ritirò di nuovo sul monte, lui da solo.

Ci capita spesso di riconoscere il nostro egoismo: non è infatti difficile vedere come siamo attaccati alle nostre cose, nella paura che queste ci sfuggano lasciandoci senza il necessario per vivere. Accade così che ci ritroviamo sempre più incapaci di donare: facilmente viviamo con freddezza il nostro rapporto con gli altri, e così i gesti gratuiti diventano sempre più rari.

Eppure non è solo l'egoismo a produrre una simile situazione. Tante volte c'è una ragione più sottile, una ragione che sta alla base dello stesso egoismo. Spesso è infatti la sfiducia che ci rende incapaci di donare: la sfiducia, e cioè il timore di essere comunque inutili per gli altri. Perché davanti alle attese degli altri, vediamo subito la miseria di ciò che abbiamo e di ciò che siamo: e così ci passa ogni voglia di donare; la stessa parola «dono» ci appare eccessiva rispetto a quanto noi possiamo dare ed essere per gli altri.

Pensiamo, ad esempio, all'atteggiamento che facilmente i genitori assumono nei confronti dei figli, in particolare dei figli adolescenti. Il padre e la madre spesso temono di apparire insufficienti agli occhi dei figli: hanno cioè paura di non essere all'altezza del loro compito educativo. E così sono tentati di rinunciare ad un simile compito: infatti, come può essere sufficiente la loro opera di genitori davanti alla contrastante complessità del nostro mondo moderno?

Tale domanda è molto simile a quella che sentiamo fare da Andrea nel racconto evangelico di domenica (Gv 6,1-15): «c'è qui un ragazzo che ha cinque pani d'orzo e due pesci: ma che cos'è questo per tanta gente?».

Appunto: che cosa sono cinque pani d'orzo e due pesci per cinquemila persone? Che cos'è l'impegno educativo di un genitore per un figlio adolescente che è ammagliato da mille voci? Che cosa sono i nostri doni davanti alle smisurate attese degli altri? «Che cos'è questo per tanta gente?».

La risposta di Gesù non si fa attendere, ed è capace di rovesciare la sfiducia nascosta nelle parole di Andrea. «Allora Gesù prese i pani e, dopo aver reso grazie, li diede a quelli che erano seduti, e lo stesso fece dei pesci, quanto ne volevano». Sì, cinque pani d'orzo e due pesci sono sufficienti per sfamare cinquemila persone. L'impegno educativo di un genitore è sufficiente per sostenere la crescita di un figlio adolescente. I nostri doni sono sufficienti per rendere più bella la vita degli altri. Insufficiente semmai è la nostra fede: in essa certo abbiamo bisogno di crescere…

Diciottesima Domenica del Tempo Ordinario

Sperimentare o credere?

Giovanni 6,24-35

In quel tempo, quando la folla vide che Gesù non era più là e nemmeno i suoi discepoli, salì sulle barche e si diresse alla volta di Cafàrnao alla ricerca di Gesù. Lo trovarono di là dal mare e gli dissero: «Rabbì, quando sei venuto qua?». Gesù rispose loro: «In verità, in verità io vi dico: voi mi cercate non perché avete visto dei segni, ma perché avete mangiato di quei pani e vi siete saziati. Datevi da fare non per il cibo che non dura, ma per il cibo che rimane per la vita eterna e che il Figlio dell'uomo vi darà. Perché su di lui il Padre, Dio, ha messo il suo sigillo». Gli dissero allora: «Che cosa dobbiamo compiere per fare le opere di Dio?». Gesù rispose loro: «Questa è l'opera di Dio: che crediate in colui che egli ha mandato». Allora gli dissero: «Quale segno tu compi perché vediamo e ti crediamo? Quale opera fai? I nostri padri hanno mangiato la manna nel deserto, come sta scritto: "Diede loro da mangiare un pane dal cielo"». Rispose loro Gesù: «In verità, in verità io vi dico: non è Mosè che vi ha dato il pane dal cielo, ma è il Padre mio che vi dà il pane dal cielo, quello vero. Infatti il pane di Dio è colui che discende dal cielo e dà la vita al mondo». Allora gli dissero: «Signore, dacci sempre questo pane». Gesù rispose loro: «Io sono il pane della vita; chi viene a me non avrà fame e chi crede in me non avrà sete, mai!».

«Datevi da fare non per il cibo che non dura, ma per il cibo che rimane per la vita eterna». Queste parole sono difficili da intendere, come noteranno molti dei suoi discepoli al termine dell'intero discorso di Gesù sul pane di vita (cf. Gv 6,60); da quel giorno essi si tirarono indietro e non seguirono più Gesù. Cercavano infatti, anche da Gesù, il cibo che perisce: non riuscivano a immaginare, e soprattutto non riuscivano a credere in un altro cibo. Di fronte al rifiuto di Gesù pensarono di non aver ormai più nulla da attendere da lui. Che cercassero soltanto il cibo che perisce, Gesù lo sottolinea dicendo: «Voi mi cercate non perché avete visto dei segni, ma perché avete mangiato dei pani e vi siete saziati». La folla cerca Gesù, dopo il miracolo dei pani, così come ogni folla umana cerca di ritrovare ciò che già ha conosciuto e in cui ha trovato sazietà. Ma ciò che già è stato conosciuto è anche ciò che è passato, ciò che perisce e che sempre da capo ha bisogno d'essere ripetuto, non potendo condurre a nulla di definitivo. Il cibo che perisce è per eccellenza il cibo che soddisfa il bisogno dell'uomo: così come ineluttabile e senza libertà è il bisogno che rende l'uomo dipendente dal cibo, dalla bevanda e da mille altre cose materiali, senza libertà e senza vita che rimanga è anche l'uomo che fa consistere la vita nella soddisfazione dei suoi bisogni.

La ciclicità inutile e senza termine della fame e in generale del bisogno materiale che, soddisfatto, da capo risorge identico, senza sapere mai immaginare una sazietà definitiva, offre un'immagine eloquente e persuasiva di un'altra e più comprensiva figura di vita, assai comune: quella che si affida a ciò che «soddisfa» per trovare un senso. È questa la figura di vita propria dell'uomo che non sa mai volere nulla in maniera assoluta, o anche, non sa mai credere. Non sa mai scegliere, né dedicarsi a nulla come a cosa degna e meritevole per sempre. Quest'uomo è perpetuamente nell'atteggiamento del giudice che apprezza la corrispondenza degli avvenimenti, delle circostanze o delle altre persone, alle sue attese, oppure ne lamenta la non corrispondenza; in ogni caso, giudica quello che il mondo gli offre, ma non sa volere, non osa cercare una vita per sempre. Quest'uomo è, come subito si capisce, destinato a svanire nella morte, insieme a tutte le provvisorie soddisfazioni e le provvisorie delusioni che i tempi man mano gli offrono. A lui Gesù dice: procurati non il cibo che perisce, ma quello che rimane per la vita eterna. A lui poi dice: «Questa è l'opera di Dio: che crediate in colui che egli ha mandato». Anzitutto, credere: non cercare sempre e solo esperienze che soddisfino; non andare a zonzo per il mondo nell'attesa che capiti qualche cosa di interessante, piacevole, soddisfacente, rassicurante, e così via; non questo, ma credere, e cioè decidersi per ciò che, pur senza poter essere sperimentato, può essere sperato e voluto come motivo di vita per sempre. E poi, credere in colui che Dio ha mandato.

Ma la folla di Cafarnao, così come la folla di oggi, non può riconoscere quello che Dio ha mandato, perché non ha occhi: ancor prima di incontrare Gesù ha deciso di accontentarsi del cibo che perisce, di una vita, se non proprio entusiasmante, almeno sopportabile e decente; di una vita che torna continuamente a rovistare fra le cose vecchie e già collaudate, per prolungarsi di qualche giorno o di qualche anno; di una vita che non sa elevarsi alla temeraria ricerca del pane che rimane per sempre. Certo temeraria appare a noi questa ricerca. Per assuefarci al pensiero delle cose eterne sembra debba esserci necessario un tempo più lungo di quanto non preveda la nostra breve esistenza terrena. Ma è un'apparenza che inganna. Quello che manca non è il tempo, ma la sincerità del desiderio: la risolutezza della decisione a lasciarsi inquietare da quella fame di un cibo che rimane per sempre.

Diciannovesima Domenica del Tempo Ordinario

Soltanto chi crede ha la vita eterna

Giovanni 6,41-51

In quel tempo, i Giudei si misero a mormorare contro Gesù perché aveva detto: «Io sono il pane disceso dal cielo». E dicevano: «Costui non è forse Gesù, il figlio di Giuseppe? Di lui non conosciamo il padre e la madre? Come dunque può dire: "Sono disceso dal cielo"?». Gesù rispose loro: «Non mormorate tra voi. Nessuno può venire a me, se non lo attira il Padre che mi ha mandato; e io lo risusciterò nell'ultimo giorno. Sta scritto nei profeti: "E tutti saranno istruiti da Dio". Chiunque ha ascoltato il Padre e ha imparato da lui, viene a me. Non perché qualcuno abbia visto il Padre; solo colui che viene da Dio ha visto il Padre. In verità, in verità io vi dico: chi crede ha la vita eterna. Io sono il pane della vita. I vostri padri hanno mangiato la manna nel deserto e sono morti; questo è il pane che discende dal cielo, perché chi ne mangia non muoia. Io sono il pane vivo, disceso dal cielo. Se uno mangia di questo pane vivrà in eterno e il pane che io darò è la mia carne per la vita del mondo».

Certo era proprio deluso il profeta Elia, alla sera di quel giorno che ci viene raccontato nella prima lettura di questa domenica (1Re 19,4-8). Aveva predicato la parola del Signore, si era gettato con coraggio nella sua missione di profeta, aveva anche affrontato fatiche ed incomprensioni; e ora si ritrovava completamente solo, affamato e senza più speranza. «Ora basta, Signore! Prendi la mia vita».

Sì, era proprio deluso il profeta Elia, alla sera di quel giorno. Appunto come accade anche a noi, nei giorni grigi e difficili della nostra esistenza, quando pure noi siamo tentati di dire: ora basta, Signore! In questi giorni di sconforto ci succede infatti di mormorare: mormoriamo contro gli imprevisti della vita, che rendono accidentato il nostro cammino; mormoriamo contro gli altri, che ci appaiono indifferenti e lontani; soprattutto mormoriamo contro Dio, che sembra incapace di mantenere quanto promette.

Esattamente così fecero anche i Giudei nei confronti di Gesù. Infatti leggiamo nel Vangelo di questa domenica che «in quel tempo i Giudei si misero a mormorare contro Gesù perché aveva detto: Io sono il pane disceso dal cielo; e dicevano: Costui non è forse Gesù, il figlio di Giuseppe? Come dunque può dire: sono disceso dal cielo?». I Giudei dunque mormoravano di Gesù. Erano infatti delusi dal suo comportamento: essi avevano atteso un Messia diverso, potente e vittorioso, un Messia regale; e si ritrovavano invece davanti ad un predicatore che affermava di essere «il pane disceso dal cielo» ma che in ultimo era soltanto il figlio del falegname Giuseppe. E come può il figlio di un falegname dire: sono disceso dal cielo?

Proprio in questa domanda si radica la mormorazione dei Giudei. Essi mormorano perché sono incapaci di rileggere la loro storia: pensano che niente di nuovo possa accadere sotto il sole, che tutto sia già conosciuto, che il loro piccolo mondo sia l'unico mondo possibile. In tal modo i Giudei cercano conferme gli uni dagli altri, e così non sono capaci di aprire gli occhi alla novità che viene da Dio. Essi mormorano perché si parlano addosso, e non si lasciano istruire dalla parola del Padre. Eppure soltanto chi ha udito il Padre ed ha imparato da lui – soltanto chi crede! – ha la vita eterna.

Appunto, soltanto chi crede ha la vita eterna. Ma noi, come i Giudei, continuiamo ad accontentarci del nostro piccolo mondo e cerchiamo conforto gli uni dagli altri: come se davvero niente di nuovo possa accadere nella nostra vita; come se la speranza sia soltanto una bella illusione… E invece soltanto chi crede ha la vita eterna.

Ci conceda dunque il Signore di essere come Elia, che nonostante la delusione continuò a credere, sperando contro ogni speranza. Egli quel giorno «si alzò, mangiò e bevve; e con la forza di quel cibo camminò per quaranta giorni e quaranta notti fino al monte di Dio, l'Oreb». Allo stesso modo anche noi possiamo rimetterci in cammino, se soltanto siamo capaci di aprire gli occhi alla novità che viene da Dio.

Ventesima Domenica del Tempo Ordinario

La carne di Gesù, promessa di vita

Giovanni 6,51-58

In quel tempo, Gesù disse alla folla: «Io sono il pane vivo, disceso dal cielo. Se uno mangia di questo pane vivrà in eterno e il pane che io darò è la mia carne per la vita del mondo». Allora i Giudei si misero a discutere aspramente fra loro: «Come può costui darci la sua carne da mangiare?». Gesù disse loro: «In verità, in verità io vi dico: se non mangiate la carne del Figlio dell'uomo e non bevete il suo sangue, non avete in voi la vita. Chi mangia la mia carne e beve il mio sangue ha la vita eterna e io lo risusciterò nell'ultimo giorno. Perché la mia carne è vero cibo e il mio sangue vera bevanda. Chi mangia la mia carne e beve il mio sangue rimane in me e io in lui. Come il Padre, che ha la vita, ha mandato me e io vivo per il Padre, così anche colui che mangia me vivrà per me. Questo è il pane disceso dal cielo; non è come quello che mangiarono i padri e morirono. Chi mangia questo pane vivrà in eterno».

Che i Giudei fossero avversi a Gesù già lo sapevamo: eppure colpisce la grossolanità delle obiezioni che essi avanzano nel racconto evangelico di questa domenica. «Allora i Giudei si misero a discutere aspramente tra di loro: Come può costui darci la sua carne da mangiare?». Appunto grossolana appare questa loro domanda: come se il Maestro intendesse davvero dare in pasto la sua carne… In realtà i Giudei sanno bene che Gesù allude ad altro; sanno bene che il suo discorso ha un significato profondo ed ulteriore: essi però hanno paura di questo altro significato, e per tenerlo lontano si aggrappano saldamente all'interpretazione più superficiale ed assurda. «Come può costui darci la sua carne da mangiare?». In una parola, i Giudei non comprendono perché non vogliono comprendere.

L'atteggiamento dei Giudei dunque ci colpisce: ma non deve poi stupirci più di tanto. Anche noi infatti siamo grossolani nei confronti delle verità scomode, di quelle verità cioè che spaventano il nostro quieto vivere. Davanti ad esse è difficile rispondere: soprattutto è difficile occultare la propria responsabilità. Più facile è invece rimuovere tali verità scomode: magari con una battuta, magari mettendola sul ridere, magari facendo finta di non capire. E così si ripete la stessa scena descritta nel Vangelo: non comprendiamo perché non vogliamo comprendere. Appunto come fecero i Giudei.

Ma qual era poi la verità scomoda nascosta nelle parole di Gesù? La possiamo ritrovare nell'affermazione con cui il Maestro aveva aperto il suo discorso: «Io sono il pane vivo, disceso dal cielo», aveva detto Gesù; «il pane che io darò è la mia carne per la salvezza del mondo». Proprio questa affermazione era apparsa scomoda alle orecchie dei Giudei: essa infatti sosteneva che la carne di Gesù avrebbe dato la salvezza al mondo. È questa mia carne il pane che dà la vita – diceva in altre parole il Maestro – è questa mia esistenza, questa mia debole e minacciata esistenza che salverà il mondo. E dunque non fuggite – sembrava aggiungere Gesù – non fuggite davanti alla morte violenta che questa mia carne subirà; non fuggite davanti alla croce sulla quale verrò appeso: «io vivo per il Padre» e la sua vita in me è più forte della violenza che mi uccide.

Così appunto diceva il Maestro ai Giudei: i quali però avevano già deciso di sopprimere Gesù, ritenendo inaffidabili le sue parole; e dunque erano infastiditi e spaventati da quell'ultima affermazione. «Come può costui darci la sua carne da mangiare?». Come può questo povero figlio di un falegname essere il salvatore del mondo? Come può questo uomo debole ed indifeso donare a tutti una vita eterna? «Come può costui darci la sua carne da mangiare?».

Da questa domanda certo neanche noi siamo estranei: perché anche per noi oggi credere è difficile; eppure è possibile. È possibile: perché nel volto coraggioso e fedele di Gesù crocifisso davvero possiamo vedere la speranza di una vita che rimane per sempre; e dunque davvero possiamo gustare quella gioia che nessuno potrà mai strapparci.

Ventunesima Domenica del Tempo Ordinario

La parola dura dell'Eucaristia

Giovanni 6,60-69

In quel tempo, molti dei discepoli di Gesù, dopo aver ascoltato, dissero: «Questa parola è dura! Chi può ascoltarla?». Gesù, sapendo dentro di sé che i suoi discepoli mormoravano riguardo a questo, disse loro: «Questo vi scandalizza? E se vedeste il Figlio dell'uomo salire là dov'era prima? È lo Spirito che dà la vita, la carne non giova a nulla; le parole che io vi ho detto sono spirito e sono vita. Ma tra voi vi sono alcuni che non credono». Gesù infatti sapeva fin da principio chi erano quelli che non credevano e chi era colui che lo avrebbe tradito. E diceva: «Per questo vi ho detto che nessuno può venire a me, se non gli è concesso dal Padre». Da quel momento molti dei suoi discepoli tornarono indietro e non andavano più con lui. Disse allora Gesù ai Dodici: «Volete andarvene anche voi?». Gli rispose Simon Pietro: «Signore, da chi andremo? Tu hai parole di vita eterna e noi abbiamo creduto e conosciuto che tu sei il Santo di Dio».

Oggi è sempre più frequente il caso del cristiano che non va abitualmente alla Messa domenicale. Egli dice – e forse anche pensa – che si può credere anche senza andare alla Messa: come se questo rito non avesse niente da aggiungere alla propria fede personale... Una difficoltà di questo genere – per altro – non è soltanto di quelli che a Messa non vanno quasi più, ma è condivisa pure da molti di noi che a Messa andiamo ogni domenica. L'Eucaristia – prima o poi – rappresenta per tutti una parola dura, un gesto che sembra lontano dalle esperienze e dai sentimenti quotidiani.

Appunto così pensavano anche molti di quei discepoli di Gesù che avevano ascoltato il discorso sul pane della vita, quel discorso del capitolo 6 del Vangelo di Giovanni che noi abbiamo riletto nelle ultime domeniche, come un approfondimento che ha interrotto per un po' la lettura continua di Marco. «Questa parola è dura: chi può ascoltarla?». Quei discepoli erano così disorientati che «da quel momento tornarono indietro e non andavano più con lui». Eppure essi serbavano ancora nel cuore il fascino per la persona di Gesù; e custodivano ancora negli occhi quelle scene di delicatezza e di compassione a cui avevano assistito stando con il Maestro di Nazareth. Soltanto avrebbero voluto rimuovere quell'ultimo discorso, quelle allusioni velate ad una morte ormai imminente, quel linguaggio difficile sulla carne che è cibo e sul sangue che è bevanda. «Questa parola è dura: chi può ascoltarla?».

In tal modo quei discepoli assunsero lo stesso atteggiamento che noi oggi assumiamo davanti all'Eucaristia, quando non ne comprendiamo la centralità e non riconosciamo che la Messa domenicale è indispensabile per la vita. Sullo sfondo di un simile atteggiamento intravediamo certo i nostri dubbi e le nostre incertezze; ma scorgiamo soprattutto un pregiudizio moderno, che stenta a scomparire: quel pregiudizio cioè per cui l'unica via per comprendere sia la via della discussione razionale.

E invece si può comprendere – e dunque vivere in pienezza – anche senza discutere, anche senza pervenire necessariamente a idee chiare e distinte. D'altronde lo sperimentiamo ogni giorno: se avessimo bisogno di chiarire sempre ogni dubbio prima di agire saremmo ben presto incapaci di qualsiasi azione. Di fatto accade però il contrario; accade cioè che noi superiamo i nostri dubbi fidandoci: fidandoci del consiglio di un amico, oppure del risultato di esperienze precedenti, o anche soltanto del nostro intuito.

Esattamente così fecero pure gli Israeliti a Sichem, prima di entrare nella Terra promessa (Gs 24,1-2.15-17.18 – prima lettura di questa domenica): davanti alla scelta prospettata da Giosuè – «scegliete oggi chi servire» – davanti ad una simile alternativa, gli Israeliti si fidarono della buona testimonianza dei loro padri che erano stati liberati dalla schiavitù dell'Egitto; si fidarono, e scelsero di servire il Signore, anche se non vedevano ancora tutto chiaro su di lui e sulla sua parola.

Lo stesso possiamo fare noi, davanti all'Eucaristia domenicale, davanti a questo gesto che a volte ci appare duro e lontano. La tentazione di sospenderne la pratica in attesa di comprenderla meglio indica una prospettiva illusoria: infatti soltanto praticando il sacramento noi possiamo approfondirne il significato. Perché nell'Eucaristia il Signore Gesù non ci chiede di avere le idee chiare e distinte; e neppure ci chiede di essere ogni volta entusiasti ed attenti. In ultimo, nell'Eucaristia il Signore Gesù ci chiede soltanto di scegliere lui, di metterci nelle sue mani, fidandoci della buona testimonianza che su di lui ci è stata resa. Nell'Eucaristia il Signore Gesù ci chiede cioè di deciderci per lui prima ancora di aver compreso. Appunto come fece Simon Pietro quel giorno: «Signore, da chi andremo? Tu hai parole di vita eterna».

Ventiduesima Domenica del Tempo Ordinario

Le accuse agli altri e la paura per noi

Marco 7,1-8.14-15.21-23

In quel tempo, si riunirono attorno a Gesù i farisei e alcuni degli scribi, venuti da Gerusalemme. Avendo visto che alcuni dei suoi discepoli prendevano cibo con mani impure, cioè non lavate – i farisei infatti e tutti i Giudei non mangiano se non si sono lavati accuratamente le mani, attenendosi alla tradizione degli antichi e, tornando dal mercato, non mangiano senza aver fatto le abluzioni, e osservano molte altre cose per tradizione, come lavature di bicchieri, di stoviglie, di oggetti di rame e di letti –, quei farisei e scribi lo interrogarono: «Perché i tuoi discepoli non si comportano secondo la tradizione degli antichi, ma prendono cibo con mani impure?». Ed egli rispose loro: «Bene ha profetato Isaìa di voi, ipocriti, come sta scritto: "Questo popolo mi onora con le labbra, ma il suo cuore è lontano da me. Invano mi rendono culto, insegnando dottrine che sono precetti di uomini". Trascurando il comandamento di Dio, voi osservate la tradizione degli uomini». Chiamata di nuovo la folla, diceva loro: «Ascoltatemi tutti e comprendete bene! Non c'è nulla fuori dell'uomo che, entrando in lui, possa renderlo impuro. Ma sono le cose che escono dall'uomo a renderlo impuro». E diceva [ai suoi discepoli]: «Dal di dentro infatti, cioè dal cuore degli uomini, escono i propositi di male: impurità, furti, omicidi, adultèri, avidità, malvagità, inganno, dissolutezza, invidia, calunnia, superbia, stoltezza. Tutte queste cose cattive vengono fuori dall'interno e rendono impuro l'uomo».

Accusare gli altri è un esercizio che noi compiamo volentieri. Accade infatti facilmente che pronunciamo parole di giudizio e di condanna nei confronti degli altri: soprattutto quando gli altri paiono davvero colpevoli, e la legge sembra essere dalla nostra parte. Certo, queste nostre accuse quasi mai sono gridate ai quattro venti: spesso esse sono soltanto mormorate, magari alle spalle delle persone che accusiamo. Eppure proprio così il giudizio che pronunciamo ferisce, e quasi annulla coloro che sono coinvolti.

Anche i farisei e gli scribi del Vangelo avevano questa facile inclinazione all'accusa. La loro opposizione a Gesù ci è nota, ma colpisce sempre l'arroganza del loro modo di fare. Arrogante è, ad esempio, la domanda che rivolgono a Gesù nel Vangelo di questa domenica. «Perché i tuoi discepoli non si comportano secondo la tradizione degli antichi, ma prendono cibo con mani impure?». Appunto arrogante appare questa domanda: non tanto per il suo contenuto – il riferimento alla tradizione infatti era sacro anche per Gesù – quanto piuttosto per il tono di accusa che caratterizza queste parole: «perché i tuoi discepoli non si comportano secondo la tradizione degli antichi...?». Una simile arroganza rivela come in fondo qui i farisei e gli scribi non sono preoccupati tanto della tradizione ricevuta: essi sono invece preoccupati della loro immagine, che rischia di essere messa in discussione dal comportamento di Gesù e dei suoi discepoli. Esattamente in tal senso essi sono ipocriti: perché nascondono la cura della loro immagine dietro la maschera della fedeltà alla tradizione.

Così appunto accade anche per noi, quando accusiamo con facilità gli altri. Molto spesso non sono gli errori altrui a darci fastidio; e neppure è l'altrui trasgressione della legge a farci indignare. Sovente invece noi accusiamo gli altri per difendere noi stessi, per salvaguardare la nostra immagine, per non metterci in discussione. E infatti accade di frequente che la voglia di accusare scatti non nei confronti di chi sbaglia, ma nei confronti di chi ha ragione; nei confronti cioè di colui che ci fa sentire in torto, di colui che – con l'eccesso della sua giustizia – appare quasi come una minaccia alla nostra ingiustizia.

Proviamo soltanto ad esaminare un po' da vicino quelle quattro o cinque situazioni della settimana trascorsa in cui ci è capitato di esprimere giudizi severi – o almeno di pensarli: quanti di essi nascevano dalla paura di aver torto? Se ci pensiamo bene, vediamo quanto sono interessate le nostre accuse, e quanto sono fragili le nostre supposizioni.

Proprio una simile ipocrisia viene smascherata da Gesù: «questo popolo mi onora con le labbra, ma il suo cuore è lontano da me». È necessario allora chiedere il dono di un cuore puro, di un cuore che la smetta di giocare in difesa, e impari finalmente quella lealtà che rende liberi e sereni.

Ventitreesima Domenica del Tempo Ordinario

La fragilità delle parole umane

Marco 7,31-37

In quel tempo, Gesù, uscito dalla regione di Tiro, passando per Sidòne, venne verso il mare di Galilea in pieno territorio della Decàpoli. Gli portarono un sordomuto e lo pregarono di imporgli la mano. Lo prese in disparte, lontano dalla folla, gli pose le dita negli orecchi e con la saliva gli toccò la lingua; guardando quindi verso il cielo, emise un sospiro e gli disse: «Effatà», cioè: «Apriti!». E subito gli si aprirono gli orecchi, si sciolse il nodo della sua lingua e parlava correttamente. E comandò loro di non dirlo a nessuno. Ma più egli lo proibiva, più essi lo proclamavano e, pieni di stupore, dicevano: «Ha fatto bene ogni cosa: fa udire i sordi e fa parlare i muti!».

Il Vangelo di questa domenica ha per protagonista un sordomuto.

Al tempo di Gesù i sordomuti erano tanti. Oggi per fortuna sono diventati più rari: le conoscenze mediche e le terapie consentono spesso di porre rimedio a questa infermità, che una volta appariva invece ineluttabile e lasciava una gran pena in tutti coloro che con tali persone avevano a che fare. La medesima pena tuttavia – o almeno una pena simile – suscitano in tutti noi quelle forme di sofferenza – specie se nervosa – che rendono la parola estremamente stentata e fragile.

Questa pena esprime certo la nostra compassione; ma dietro di essa si nasconde anche una certa apprensione a proposito di noi stessi. In effetti, davanti ad una persona muta diventa improvvisamente facile misurare la fragilità della nostra stessa parola. Nella persona che non riesce ad intendere e che geme senza riuscire a dire, ognuno di noi intuisce all'improvviso quanto le sia simile: quanto sia egli stesso sordo e presto rassegnato a non capire le parole dell'altro; quanto sia muto e subito dubbioso circa l'effettiva capacità propria di farsi davvero intendere. Il sordomuto appare in tal senso come messaggero di una verità pericolosa, che minaccia ogni normalità della parola umana.

Ma che cosa chiede la gente del Vangelo per quel sordomuto? «Lo pregarono di imporgli la mano». Forse la pena di quella gente non riesce subito a chiedere la guarigione. Chiedono che gli imponga la mano, che lo benedica, che in qualche modo confermi su di lui quella misericordia di Dio dalla quale egli sembra escluso, che provveda insomma a lui, perché nessun altro sa come provvedere.

I gesti che Gesù fa con le dita e la saliva sono con tutta probabilità quei gesti di conforto che la gente si attendeva da lui: servono soltanto ad esprimere l'accoglienza da parte di Gesù della loro domanda. Ma poi il miracolo avviene in altro modo: «guardando verso il cielo, emise un sospiro», o anche un gemito, una supplica senza parola; un sospiro muto come muto era quell'uomo. Anche Gesù è «contagiato» dal suo male, egli che «ha preso le nostre infermità e si è caricato delle malattie» (Mt 8,17). Quel sospiro muto di Gesù è una preghiera – è rivolto verso il cielo – una preghiera che non riguarda soltanto quel sordomuto, ma riguarda tutti noi.

Quella preghiera muta infatti ci dice che è possibile imparare ad intendere le parole degli altri; come pure è possibile riuscire a comunicare le proprie parole. Soltanto è necessario guardare prima verso il cielo, per riconoscere quella parola celeste che dà senso e speranza a tutte le parole terrestri.

Ventiquattresima Domenica del Tempo Ordinario

Di chi avrò paura?

Marco 8,27-35

In quel tempo, Gesù partì con i suoi discepoli verso i villaggi intorno a Cesarèa di Filippo, e per la strada interrogava i suoi discepoli dicendo: «La gente, chi dice che io sia?». Ed essi gli risposero: «Giovanni il Battista; altri dicono Elìa e altri uno dei profeti». Ed egli domandava loro: «Ma voi, chi dite che io sia?». Pietro gli rispose: «Tu sei il Cristo». E ordinò loro severamente di non parlare di lui ad alcuno. E cominciò a insegnare loro che il Figlio dell'uomo doveva soffrire molto, ed essere rifiutato dagli anziani, dai capi dei sacerdoti e dagli scribi, venire ucciso e, dopo tre giorni, risorgere. Faceva questo discorso apertamente. Pietro lo prese in disparte e si mise a rimproverarlo. Ma egli, voltatosi e guardando i suoi discepoli, rimproverò Pietro e disse: «Va' dietro a me, Satana! Perché tu non pensi secondo Dio, ma secondo gli uomini». Convocata la folla insieme ai suoi discepoli, disse loro: «Se qualcuno vuol venire dietro a me, rinneghi se stesso, prenda la sua croce e mi segua. Perché chi vuole salvare la propria vita, la perderà; ma chi perderà la propria vita per causa mia e del Vangelo, la salverà».

«Tu sei il Cristo».

È davvero netta la risposta di Pietro alla domanda di Gesù. Pietro non prende tempo, non fa giri di parole, non si perde in inutili premesse. «Tu sei il Cristo»: una risposta secca, chiara, precisa; parole brevi che tradiscono un entusiasmo sincero e giovanile.

Assomigliano molto a questa risposta le parole del Credo che nell'Eucaristia festiva sempre proclamiamo. «Credo in un solo Signore, Gesù Cristo, unigenito Figlio di Dio». Anche qui siamo davanti a parole secche, chiare, precise: parole nette, che non lasciano spazio a dubbi.

A dire il vero, troppo nette ci appaiono queste parole. Infatti, come si fa oggi a credere in Gesù Cristo? Come si fa a credere nella vita concreta di ogni giorno, quando la stanchezza si fa sentire e la sofferenza sembra invincibile? E soprattutto, come si fa a credere quando ogni giorno vediamo la morte attorno a noi?

Queste domande non sono certo retoriche. Tutti le sentiamo in qualche modo vere: anche se spesso tentiamo di rimuoverle o almeno di nasconderle. Eppure non è possibile cancellare simili dubbi.

Anche Pietro, quel giorno, non riuscì a nascondere il dubbio. Con la sua netta risposta avrebbe certo voluto rimuovere ogni ombra e ogni paura: ma non ci riuscì. E non ci riuscì perché Gesù stesso lo riportò alla realtà dei fatti: «cominciò ad insegnar loro che... doveva molto soffrire, ed essere rifiutato dagli anziani... venire ucciso e, dopo tre giorni, risorgere». Questa appunto era la realtà dei fatti: e Gesù ne parlava apertamente, senza fuggire. Pietro invece avrebbe voluto nascondere quella dura realtà, cancellarla o, perlomeno, rimandarla. Ma il suo pensiero era ancora troppo umano ed ingenuo.

Ed esattamente così, troppo umani ed ingenui, sono spesso anche i nostri pensieri. Emblematica è, da questo punto di vista, la facilità con cui oggi rimuoviamo il pensiero della morte. Difficilmente infatti parliamo in modo esplicito della morte: al punto che spesso soltanto vi alludiamo, senza più avere il coraggio di nominarla... Certo, la morte non è discorso che rallegra, e dunque appaiono giustificate le nostre resistenze; eppure in tal modo noi rischiamo di trascorrere i nostri giorni con leggerezza, evitando ogni problema ma anche smarrendo ogni possibile speranza.

Appunto per scongiurare questo rischio Gesù alza la voce con Pietro e con tutti noi: «Va' dietro a me, Satana! Perché tu non pensi secondo Dio, ma secondo gli uomini». Il Maestro non vuole che viviamo con leggerezza, aspettando che i giorni passino nel modo più indolore possibile. Al contrario, egli ci spinge a vivere in pienezza, ricordando le parole del profeta Isaia: il Signore Dio mi assiste, per questo non resto confuso, per questo rendo la faccia dura come pietra sapendo di non restare deluso.

Perché è inevitabile che vengano i giorni in cui bisogna stringere i denti, e rendere la faccia dura come pietra; è inevitabile che venga il tempo in cui è necessario affrontare a muso duro la vita e, in ultimo, anche la morte. A un simile destino non si può sfuggire: eppure fin da oggi noi sappiamo che anche allora non resteremo delusi; anche allora si rinnoverà la speranza che oggi ci anima. Infatti è il Signore Dio che ci assiste, oggi come domani. E dunque non possiamo avere paura. Proprio come diciamo nel salmo 26: «Il Signore è mia luce e mia salvezza: di chi avrò paura? Il Signore è difesa della mia vita: di chi avrò timore?».

Venticinquesima Domenica del Tempo Ordinario

La stanchezza e il sorriso

Marco 9,30-37

In quel tempo, Gesù e i suoi discepoli attraversavano la Galilea, ma egli non voleva che alcuno lo sapesse. Insegnava infatti ai suoi discepoli e diceva loro: «Il Figlio dell'uomo viene consegnato nelle mani degli uomini e lo uccideranno; ma, una volta ucciso, dopo tre giorni risorgerà». Essi però non capivano queste parole e avevano timore di interrogarlo. Giunsero a Cafàrnao. Quando fu in casa, chiese loro: «Di che cosa stavate discutendo per la strada?». Ed essi tacevano. Per la strada infatti avevano discusso tra loro chi fosse più grande. Sedutosi, chiamò i Dodici e disse loro: «Se uno vuole essere il primo, sia l'ultimo di tutti e il servitore di tutti». E, preso un bambino, lo pose in mezzo a loro e, abbracciandolo, disse loro: «Chi accoglie uno solo di questi bambini nel mio nome, accoglie me; e chi accoglie me, non accoglie me, ma colui che mi ha mandato».

Secondo il racconto del Vangelo di questa domenica quella sera a Cafarnao Gesù era stanco e deluso. La gente non lo seguiva più come un tempo, i discepoli erano sempre su un'altra lunghezza d'onda, i capi del popolo avevano ormai deciso di metterlo a morte. «I prepotenti insidiano la mia vita»: così forse pensava Gesù quella sera, ricordando le parole del salmo 53. Poi però vide un bambino, lo abbracciò, e finalmente trovò riposo per la sua anima. In quel momento il Maestro sorrise: perché finalmente si ritrovava davanti agli occhi quella semplicità e quella schiettezza che invano aveva cercato tra i suoi uditori.

Altri pensieri infatti avevano occupato la mente dei suoi discepoli, quel giorno. Essi lungo la strada «avevano discusso tra loro chi fosse il più grande». Proprio come facciamo noi, quando ci pestiamo i piedi a vicenda nel tentativo di primeggiare gli uni sugli altri. Ne parlava già l'apostolo Giacomo, come leggiamo nella seconda lettura di questa domenica: «siete pieni di desideri e non riuscite a possedere; uccidete, siete invidiosi e non riuscite a ottenere; combattete e fate guerra» (Gc 4,2). Certo, una competizione corretta è sempre legittima, e ci sarà sempre una gerarchia di ruoli nella vita sociale. Eppure quando la competizione diventa l'unico pensiero e si trasforma in occasione perenne di litigio c'è qualcosa che non funziona.

Dunque erano questi altri pensieri che avevano occupato la mente dei discepoli, quel giorno. Il loro cuore era lontano dalle parole di Gesù; e tuttavia essi volevano rimanergli fedeli, continuando a seguirlo. Ben diversa invece era stata la scelta delle folle, che ormai avevano abbandonato il Maestro. A questo proposito, è emblematico il commento dell'evangelista: «in quel tempo Gesù e i discepoli attraversavano la Galilea, ma egli non voleva che alcuno lo sapesse». Sembra incredibile: la Galilea – quella regione che era già stata teatro delle sue parole consolanti, dei suoi gesti meravigliosi, di un entusiasmo popolare indubbio – quella regione è diventata ormai per Gesù come terra straniera: la attraversa in fretta e quasi di nascosto. Esattamente come accade ogni domenica, nelle nostre chiese, quando le parole di Gesù sono costrette a passare affrettate – e quasi di nascosto – attraverso i nostri orecchi estranei.

Quindi quella sera a Cafarnao Gesù era davvero stanco e deluso. E forse – pensando ai discepoli distratti e alle folle lontane – gli vennero in mente le parole del profeta Osea: «il vostro amore è come una nube del mattino, come la rugiada che all'alba svanisce» (Os 6,4). Poi però Gesù vide quel bambino, e abbracciandolo ritrovò il sorriso. E anche i discepoli intuirono che c'era posto per il sorriso nella loro vita al suo seguito, se soltanto avessero riscoperto la semplicità e la schiettezza dei bambini.

Ventiseiesima Domenica del Tempo Ordinario

L'audacia dei piccoli

Marco 9,38-43.45.47-48

In quel tempo, Giovanni disse a Gesù: «Maestro, abbiamo visto uno che scacciava demòni nel tuo nome e volevamo impedirglielo, perché non ci seguiva». Ma Gesù disse: «Non glielo impedite, perché non c'è nessuno che faccia un miracolo nel mio nome e subito possa parlare male di me: chi non è contro di noi è per noi. Chiunque infatti vi darà da bere un bicchiere d'acqua nel mio nome perché siete di Cristo, in verità io vi dico, non perderà la sua ricompensa. Chi scandalizzerà uno solo di questi piccoli che credono in me, è molto meglio per lui che gli venga messa al collo una macina da mulino e sia gettato nel mare. Se la tua mano ti è motivo di scandalo, tagliala: è meglio per te entrare nella vita con una mano sola, anziché con le due mani andare nella Geènna, nel fuoco inestinguibile. E se il tuo piede ti è motivo di scandalo, taglialo: è meglio per te entrare nella vita con un piede solo, anziché con i due piedi essere gettato nella Geènna. E se il tuo occhio ti è motivo di scandalo, gettalo via: è meglio per te entrare nel regno di Dio con un occhio solo, anziché con due occhi essere gettato nella Geènna, dove il loro verme non muore e il fuoco non si estingue».

Nella nostra vita quotidiana sperimentiamo spesso l'inclinazione a ridurre ogni novità ed imprevisto alla ripetitività di un codice ormai noto. Ad esempio, ci sono persone che, quando visitano una città o una regione, paiono più preoccupate di verificare che tutto nella realtà corrisponda a quello che hanno visto su internet, anziché lasciarsi meravigliare dallo spettacolo di ciò che era sconosciuto: in fondo non si attendono nulla dalla realtà, il loro vero mondo è internet. Ci sono poi persone che, quando ascoltano, sono più preoccupate di iscrivere quello che sentono nel registro del già noto, anziché cercare di comprendere quanto di sorprendente ci sia nella parola che ascoltano, o nella persona che hanno di fronte. Allo stesso modo, ci sono cristiani che, ascoltando una predica, sono più preoccupati di verificare che tutto corrisponda a quanto essi già sanno, anziché lasciarsi condurre ad una rinnovata meditazione e ricerca.

Gli esempi si potrebbero moltiplicare ancora; ma bastano questi per riconoscere quell'inclinazione che ci fa fuggire da ogni novità ed imprevisto. Come abbiamo potuto vedere, tale inclinazione opera – in un modo o nell'altro – in tutti i settori dell'esperienza;

ma opera con particolare insistenza nel campo dell'esperienza religiosa. Qui essa assolve al compito di proteggere il credente dal carattere sempre avventuroso della fede. Si vorrebbe cioè in tal modo rimediare all'estrema insicurezza del credere: di quel credere che, anche quando è reale, è sempre accompagnato dal timore e dalla supplica.

Non è però possibile fuggire dal carattere avventuroso della fede. Il credente infatti è costituzionalmente uno che teme di sé – un insicuro – uno che attende sempre da capo in ogni circostanza di ritrovare quella fede che non può conservare attraverso una tecnica od un codice. Gesù, che conosce questa debolezza dei suoi discepoli, li chiama «piccoli». In favore di essi pronuncia – nel Vangelo di questa domenica – parole di estrema generosità verso coloro che li accoglieranno, e insieme parole di allarmante severità contro coloro che di tale debolezza cercheranno di approfittare. «Chiunque vi darà da bere un bicchiere d'acqua nel mio nome perché siete di Cristo, in verità io vi dico, non perderà la sua ricompensa»; ma insieme: «Chi scandalizzerà uno solo di questi piccoli che credono in me, è meglio per lui che gli venga messa al collo una macina da mulino e sia gettato nel mare». Così Gesù difende i suoi «piccoli».

Ma i «piccoli» devono rimanere tali sempre, e non devono in nessun modo difendersi da soli. E neanche devono avere paura degli altri, come accadde al discepolo Giovanni, il quale temeva l'opera di quello sconosciuto che operava nel nome di Gesù. Infatti, solo chi è capace di rischiare fino in fondo – al di là di ogni umana certezza – solo chi ha una simile audacia appartiene davvero alla schiera di quei piccoli che credono

Ventisettesima Domenica del Tempo Ordinario

Comunicare è sempre possibile

Marco 10,2-16

In quel tempo, alcuni farisei si avvicinarono e, per metterlo alla prova, domandavano a Gesù se è lecito a un marito ripudiare la propria moglie. Ma egli rispose loro: «Che cosa vi ha ordinato Mosè?». Dissero: «Mosè ha permesso di scrivere un atto di ripudio e di ripudiarla». Gesù disse loro: «Per la durezza del vostro cuore egli scrisse per voi questa norma. Ma dall'inizio della creazione [Dio] li fece maschio e femmina; per questo l'uomo lascerà suo padre e sua madre e si unirà a sua moglie e i due diventeranno una carne sola. Così non sono più due, ma una sola carne. Dunque l'uomo non divida quello che Dio ha congiunto». A casa, i discepoli lo interrogavano di nuovo su questo argomento. E disse loro: «Chi ripudia la propria moglie e ne sposa un'altra, commette adulterio verso di lei; e se lei, ripudiato il marito, ne sposa un altro, commette adulterio». Gli presentavano dei bambini perché li toccasse, ma i discepoli li rimproverarono. Gesù, al vedere questo, s'indignò e disse loro: «Lasciate che i bambini vengano a me, non glielo impedite: a chi è come loro infatti appartiene il regno di Dio. In verità io vi dico: chi non accoglie il regno di Dio come lo accoglie un bambino, non entrerà in esso». E, prendendoli tra le braccia, li benediceva, imponendo le mani su di loro.

Comunicare a volte è davvero difficile. Accade infatti spesso che fatichiamo a capirci gli uni con gli altri. E succede di frequente che anche marito e moglie dicano sconsolati: non ci capiamo più.

Ma che cosa impedisce di comunicare? Forse il carattere? Sì, certo, il carattere: o meglio, la diversità di carattere, l'incompatibilità del carattere, come oggi si usa dire. L'intesa tra le persone infatti – e dunque l'intesa tra l'uomo e la donna – non può essere programmata a tavolino: essa può soltanto accadere; e se non accade naturalmente in forza del carattere, difficilmente può essere cercata per altre vie. Proprio come successe all'inizio, secondo il racconto della Genesi (Gn 2,18-24 – prima lettura di questa domenica): Adamo si svegliò, vide la donna, e prima ancora che essa parlasse, comprese che la donna era vicina: «essa è osso delle mie ossa, carne della mia carne».

Appunto così accadde all'inizio tra l'uomo e la donna: e pure così accade oggi, quando un uomo si innamora di una donna, e sogna di condividere la vita con lei. Tale sentimento, però, non è infallibile: in diversi casi ben presto emerge la difficoltà a comunicare. All'inizio c'è una timidezza, un dubbio taciuto; poi un'ansia persistente; quindi una interminabile serie di timori che assalgono, e di cui si vorrebbe parlare – magari proprio con il compagno o la compagna – ma si capisce invece di non poterne parlare, perché sarebbero di peso all'altro. Alla fine, non resta così che arrendersi all'evidenza: non ci capiamo più.

Ma Gesù nel Vangelo di questa domenica dice che non è vero: mai la comunicazione può diventare impossibile. Infatti, fin dalla creazione l'uomo e la donna che si promettono fedeltà «non sono più due, ma una sola carne». E dunque «l'uomo non divida quello che Dio ha congiunto» fin dall'inizio.

Così dunque dice Gesù: ma – ammettiamolo – queste parole oggi ci sembrano un po' ingenue, come apparvero ingenue in quel tempo ai farisei. Forse Gesù parla così per inesperienza, perché non è sposato; forse non conosce troppo bene le difficoltà della vita coniugale. Mosè – che era sposato – aveva più esperienza al riguardo: e infatti in certi casi permise il divorzio...

Simili osservazioni, però, sono superficiali: perché anche Gesù sperimentò la difficoltà della comunicazione. Pensiamo soltanto ai Vangeli delle scorse domeniche: pensiamo cioè alla distanza che sembrò crearsi ad un certo punto tra Gesù e tutti gli altri, discepoli compresi. Gesù non si arrese a quella distanza, non disse sconsolato: non ci capiamo più. Continuò invece a sperare e ad amare, al di là di tutto ciò che vedeva, fino a perderci la vita. E neppure nell'ora drammatica della croce ritenne la comunicazione impossibile. Anzi, proprio in quell'ora egli consegnò l'ultima e suprema sua parola: una parola capace di creare comunione oltre la morte, oltre la fragilità e l'incertezza di ogni altra parola penultima.

Appunto a questa nuova e inattesa comunione deve alimentarsi il nostro cuore, per vincere quella sua secolare durezza che soffoca ogni possibile futuro. In fondo soltanto così, soltanto guardando a Gesù il nostro cuore troverà il coraggio di quella comunicazione che mai è impossibile.

Ventottesima Domenica del Tempo Ordinario

Una domanda temeraria

Marco 10,17-30

In quel tempo, mentre Gesù andava per la strada, un tale gli corse incontro e, gettandosi in ginocchio davanti a lui, gli domandò: «Maestro buono, che cosa devo fare per avere in eredità la vita eterna?». Gesù gli disse: «Perché mi chiami buono? Nessuno è buono, se non Dio solo. Tu conosci i comandamenti: "Non uccidere, non commettere adulterio, non rubare, non testimoniare il falso, non frodare, onora tuo padre e tua madre"». Egli allora gli disse: «Maestro, tutte queste cose le ho osservate fin dalla mia giovinezza». Allora Gesù fissò lo sguardo su di lui, lo amò e gli disse: «Una cosa sola ti manca: va', vendi quello che hai e dallo ai poveri, e avrai un tesoro in cielo; e vieni! Seguimi!». Ma a queste parole egli si fece scuro in volto e se ne andò rattristato; possedeva infatti molti beni. Gesù, volgendo lo sguardo attorno, disse ai suoi discepoli: «Quanto è difficile, per quelli che possiedono ricchezze, entrare nel regno di Dio!». I discepoli erano sconcertati dalle sue parole; ma Gesù riprese e disse loro: «Figli, quanto è difficile entrare nel regno di Dio! È più facile che un cammello passi per la cruna di un ago, che un ricco entri nel regno di Dio». Essi, ancora più stupiti, dicevano tra loro: «E chi può essere salvato?». Ma Gesù, guardandoli in faccia, disse: «Impossibile agli uomini, ma non a Dio! Perché tutto è possibile a Dio». Pietro allora prese a dirgli: «Ecco, noi abbiamo lasciato tutto e ti abbiamo seguito». Gesù gli rispose: «In verità io vi dico: non c'è nessuno che abbia lasciato casa o fratelli o sorelle o madre o padre o figli o campi per causa mia e per causa del Vangelo, che non riceva già ora, in questo tempo, cento volte tanto in case e fratelli e sorelle e madri e figli e campi, insieme a persecuzioni, e la vita eterna nel tempo che verrà».

«Maestro buono, che cosa devo fare per avere in eredità la vita eterna?». Appare davvero pericolosa e temeraria la domanda che ritroviamo nel Vangelo di questa domenica. Si sa che con Dio non si scherza: se tu lo interroghi, ti chiede sempre di più, non basta mai quello che fai. Ad esempio: fai grandi sforzi per liberarti di quel piccolo e avvilente difetto, alla fine magari ci riesci, ma subito oltre scopri un difetto più grande, che prima – per tua fortuna – neppure conoscevi. È normale che accada così, con Dio non si scherza; dunque, perché rischiare domande troppo alte ed impegnative?

E infatti noi spesso preferiamo non rischiare; al punto che ci difendiamo in mille modi da un serio esame di coscienza. I peccati quotidiani magari sono anche ammessi: ma troppo in fretta. È un'ammissione generica, non invece una confessione precisa ed impegnativa. L'ammissione dei propri peccati cerca in genere consolazione, non cerca invece risposta alla domanda: «che cosa devo fare per avere in eredità la vita eterna?». Sarebbe una domanda troppo pericolosa.

Quel tale invece non ebbe paura, e interrogò francamente Gesù: «Maestro buono, che cosa devo fare per avere in eredità la vita eterna?». Egli conosceva la legge, l'aveva osservata fin dalla sua giovinezza: e proprio questa elementare rettitudine che viene dall'osservanza della legge lo aveva costretto a cercare una giustizia più grande.

Quel tale dunque era coraggioso; e Gesù lo amò per questa sua schiettezza, per l'audacia della sua domanda. E tuttavia in quella domanda c'era anche un inconsapevole desiderio: il desiderio cioè di essere tranquillizzato a proposito dei molti beni. Ma a questo riguardo il Maestro non lo tranquillizzò; al contrario, rese più chiara l'inquietudine che già lo agitava. «Una sola cosa ti manca: va', vendi quello che hai...: e vieni! Seguimi!». Quei beni dunque erano di troppo, si mettevano in mezzo tra lui e il Maestro: occorreva lasciarli. Ma il giovane preferì lasciare il Maestro.

Accadde così in quel tempo esattamente quello che accade a noi oggi. Perché anche noi spesso lasciamo il Maestro: magari lo lasciamo in maniera più subdola ed implicita, non avendo mai avuto il coraggio di rivolgergli domande precise a proposito del nostro cammino; eppure di fatto lo lasciamo.

E se tutto dipendesse dai molti beni? Ma quali molti beni? – potrebbe obiettare qualcuno, certo non tutti: io non ho molto più di quanto mi serve ogni giorno per vivere... Già: ma che cosa serve per vivere? Che cosa è vita? Quale deve essere la tua vita per diventare eterna? Tutto questo non lo puoi stabilire prima dell'incontro con lui. Se già lo hai stabilito, se già credi di sapere che cosa è davvero indispensabile per la tua vita, allora valgono anche per te quelle parole che spaventarono i discepoli: «è più facile che un cammello passi per la cruna di un ago, che un ricco entri nel Regno di Dio».

Dunque non attardarti a cercare risposte rassicuranti; non perdere tempo a trovare giustificazioni comode. Lascia invece che la parola del Maestro trafigga la tua coscienza, e scruti i sentimenti del tuo cuore. Sarà lui ad insegnarti che cosa è vita, e quale deve essere la tua vita per diventare eterna.

Ventinovesima Domenica del Tempo Ordinario

Nulla è impossibile per chi crede

Marco 10,35-45

In quel tempo, si avvicinarono a Gesù Giacomo e Giovanni, i figli di Zebedèo, dicendogli: «Maestro, vogliamo che tu faccia per noi quello che ti chiederemo». Egli disse loro: «Che cosa volete che io faccia per voi?». Gli risposero: «Concedici di sedere, nella tua gloria, uno alla tua destra e uno alla tua sinistra». Gesù disse loro: «Voi non sapete quello che chiedete. Potete bere il calice che io bevo, o essere battezzati nel battesimo in cui io sono battezzato?». Gli risposero: «Lo possiamo». E Gesù disse loro: «Il calice che io bevo, anche voi lo berrete, e nel battesimo in cui io sono battezzato anche voi sarete battezzati. Ma sedere alla mia destra o alla mia sinistra non sta a me concederlo; è per coloro per i quali è stato preparato». Gli altri dieci, avendo sentito, cominciarono a indignarsi con Giacomo e Giovanni. Allora Gesù li chiamò a sé e disse loro: «Voi sapete che coloro i quali sono considerati i governanti delle nazioni dominano su di esse e i loro capi le opprimono. Tra voi però non è così; ma chi vuole diventare grande tra voi sarà vostro servitore, e chi vuole essere il primo tra voi sarà schiavo di tutti. Anche il Figlio dell'uomo infatti non è venuto per farsi servire, ma per servire e dare la propria vita in riscatto per molti».

Quando ascoltiamo il Vangelo c'è sempre in noi una dolorosa sensazione di distanza. Magari siamo d'accordo con gli ideali di Gesù, ammiriamo i suoi insegnamenti, siamo insomma dalla sua parte quasi in tutto: eppure abbiamo anche dentro di noi la profonda persuasione che quanto egli propone sia alla fine impossibile.

Questa sensazione pervadeva già i primi discepoli di Gesù, i quali erano stati affascinati dalla parola del Maestro di Nazareth, ma non al punto da accoglierla fino in fondo. Anche loro infatti ritenevano impossibili certe affermazioni del Signore: soprattutto quelle affermazioni sul servizio che sembravano sottovalutare ogni forma di potere. Ai discepoli – in ultimo – pareva impensabile che il Regno di Dio potesse affermarsi nel mondo senza imporsi con la forza: così almeno possiamo intuire leggendo il Vangelo di questa domenica.

È appunto quello che pensiamo anche noi, nella vita di tutti i giorni. L'esperienza infatti ci ha convinti che certe leggi fondamentali della nostra esistenza siano inesorabili.

Ad esempio: è inesorabile alzare la voce per farsi valere; così come è inesorabile rispondere alla violenza con la violenza: soprattutto in questo mondo ipersviluppato, dove la competizione e la carriera sembrano diventati valori assoluti. In tal modo però i nostri giorni appaiono come chiusi sotto un cielo impenetrabile, che toglie ogni speranza. E quelle parole di Gesù che parlano di servizio e di amore ci sembrano davvero distanti ed impossibili.

Succede così che sempre più spesso non riusciamo a comunicare tra di noi; e – quel che è peggio – ci convinciamo che la comunicazione sia in alcune circostanze quasi impossibile. Pensiamo a quelle parentele divise da incomprensioni che sembrano insuperabili: ci sono fratelli e sorelle che per mesi e anni non si rivolgono la parola, convinti di non avere più niente da dirsi. Oppure pensiamo a quelle coppie che vanno in crisi dopo pochi anni di matrimonio: e credono che la loro storia sia ormai finita per sempre. Davvero in questi casi il cielo appare impenetrabile, e non si intravede neppure un barlume di speranza all'orizzonte...

Ecco, proprio da un simile fatalismo vuole liberarci la parola del Signore nel Vangelo di domenica. «Voi sapete che coloro i quali sono considerati i governanti delle nazioni dominano su di esse e i loro capi le opprimono. Tra voi però non è così». Sì, noi sappiamo che è difficile svincolarsi da certe leggi fondamentali della nostra esistenza; sappiamo che certe circostanze della vita sono davvero complesse. Eppure fra noi non può essere solo così: sempre per noi c'è una speranza diversa; sempre si può cercare di vincere la violenza senza la violenza; sempre si può provare a ricucire un rapporto, ritrovando in qualche modo i sentimenti smarriti.

Sempre per noi c'è una speranza diversa: se non altro perché – come leggiamo nella Lettera agli Ebrei, seconda lettura di questa domenica (Eb 4,14-16) – noi «abbiamo un sommo sacerdote grande, che è passato attraverso i cieli, Gesù il Figlio di Dio». Infatti, anche per Gesù il cielo pareva cupo e impenetrabile, soprattutto in quel giorno in cui morì, e il suo Vangelo sembrava sconfitto per sempre. Ma lui continuò a sperare nella provvidenza del Padre: e passò attraverso quel cielo impenetrabile, dimostrandoci che nulla è impossibile per chi crede.

Trentesima Domenica del Tempo Ordinario

La fede che salva

Marco 10,46-52

In quel tempo, mentre Gesù partiva da Gèrico insieme ai suoi discepoli e a molta folla, il figlio di Timèo, Bartimèo, che era cieco, sedeva lungo la strada a mendicare. Sentendo che era Gesù Nazareno, cominciò a gridare e a dire: «Figlio di Davide, Gesù, abbi pietà di me!». Molti lo rimproveravano perché tacesse, ma egli gridava ancora più forte: «Figlio di Davide, abbi pietà di me!». Gesù si fermò e disse: «Chiamatelo!». Chiamarono il cieco, dicendogli: «Coraggio! Àlzati, ti chiama!». Egli, gettato via il suo mantello, balzò in piedi e venne da Gesù. Allora Gesù gli disse: «Che cosa vuoi che io faccia per te?». E il cieco gli rispose: «Rabbunì, che io veda di nuovo!». E Gesù gli disse: «Va', la tua fede ti ha salvato». E subito vide di nuovo e lo seguiva lungo la strada.

Fuori luogo apparve in quel tempo il grido di Bartimeo in mezzo alle voci sommesse di quanti stavano al seguito di Gesù. Sempre più sommesse, infatti, erano quelle voci, man mano che ci si avvicinava a Gerusalemme: perché sempre più impopolare appariva in quei giorni la parola di Gesù. Erano finiti gli entusiasmi dei primi tempi: a Gerusalemme i capi del popolo avevano ormai deciso di far uccidere questo scomodo Maestro; e la gente sembrava non credere più nella potenza di questo presunto Messia. Anche i discepoli ormai erano disillusi: al punto da desiderare che il passaggio di Gesù nei villaggi e nelle città facesse il minor rumore possibile. E infatti, all'udire il grido di Bartimeo «lo rimproveravano perché tacesse, ma egli gridava ancora più forte». Volevano farlo tacere: perché già avevano dimenticato la lieta notizia di Gesù, e di nuovo erano convinti che quella malattia fosse inguaribile; di nuovo erano persuasi che quel male – come ogni male – fosse insuperabile.

È quello che pensiamo anche noi oggi, davanti a quelle persone che soffrono di una malattia troppo grande, che pare irrimediabile. Di queste persone – e soprattutto della loro infermità – noi oggi non parliamo, magari anche solo per pudore. E queste persone stesse imparano a stare zitte, nascondendosi oppure fingendo in ogni modo che tutto sia normale. Troppo grande ed insuperabile appare infatti la loro pena: e dunque non può essere messa in piazza, a turbare il fragile equilibrio della vita quotidiana. Accade così a volte che i malati vivono rinchiusi in una stanza, o magari in un istituto; ma più spesso accade che il grido di molti sofferenti venga fatto tacere dall'indifferenza – e anche dalle buone maniere – di chi li circonda. Appunto come avvenne per Bartimeo, che gridava invano sulla strada di Gerico.

E invece questo grido non può essere messo a tacere. Perché non è affatto vero che il male sia insuperabile; e non è affatto giusto vedere nella sofferenza una maledizione imbattibile. Infatti, in quel tempo Gesù disse al cieco: «Va', la tua fede ti ha salvato». E il cieco «subito vide di nuovo e lo seguiva lungo la strada».

Ma questo segno non bastò a convertire i discepoli: anche dopo essi rimasero scettici; e la loro disillusione divenne massima davanti alla morte in croce di Gesù, a quella morte crudele che sembrava smentire ogni speranza. Esattamente come noi, i discepoli si rassegnarono di fronte al male, ritenendolo un ostacolo insormontabile.

Soltanto Gesù fu capace di non rassegnarsi: egli continuò a lottare fino all'ultimo, perché sapeva che il male non era l'ultima parola. Certo, anche lui dovette gridare sulla croce: ma quel grido era carico di speranza; quel grido non dubitava di trovare risposta.

Noi invece spesso siamo rassegnati: al punto che non gridiamo più, e neanche sopportiamo che siano gli altri a gridare. Noi vorremmo soltanto fuggire, evitando ogni pericolo e ogni male.

Eppure soltanto gridando la nostra debolezza possiamo essere salvati. Bartimeo quel giorno gridò forte, anche se volevano zittirlo: e fu salvato. Gesù sul calvario gridò ad alta voce la sua paura, anche se lo prendevano in giro: e fu salvato. Appunto: soltanto chi non si rassegna e grida la sua debolezza può trovare salvezza nella speranza che viene da Dio.

Trentunesima Domenica del Tempo Ordinario

Una vita faticosa e promettente

Marco 12,28b-34

In quel tempo, si avvicinò a Gesù uno degli scribi e gli domandò: «Qual è il primo di tutti i comandamenti?». Gesù rispose: «Il primo è: "Ascolta, Israele! Il Signore nostro Dio è l'unico Signore; amerai il Signore tuo Dio con tutto il tuo cuore e con tutta la tua anima, con tutta la tua mente e con tutta la tua forza". Il secondo è questo: "Amerai il tuo prossimo come te stesso". Non c'è altro comandamento più grande di questi». Lo scriba gli disse: «Hai detto bene, Maestro, e secondo verità, che Egli è unico e non vi è altri all'infuori di lui; amarlo con tutto il cuore, con tutta l'intelligenza e con tutta la forza e amare il prossimo come se stesso vale più di tutti gli olocausti e i sacrifici». Vedendo che egli aveva risposto saggiamente, Gesù gli disse: «Non sei lontano dal regno di Dio». E nessuno aveva più il coraggio di interrogarlo.

Le cose da fare nella nostra vita sono sempre troppe. E soprattutto sono troppe le possibilità di scelta che si presentano ai nostri occhi: tanto che a volte noi vorremmo essere liberati dalla necessità quotidiana di decidere. Infatti, quali sono - alla fine - le cose migliori da fare? Quali sono le opere più giuste da compiere? Che cosa è bene per la nostra vita? E dunque «qual è il primo di tutti i comandamenti», qual è quella legge fondamentale che deve guidare le nostre scelte?

Appunto queste domande agitavano già in quel tempo il cuore degli ascoltatori di Gesù: perché anche loro - come noi - sentivano la fatica di vivere. Pure loro infatti avevano l'impressione di girare a vuoto, correndo da una parte all'altra senza riuscire mai a concludere nulla. E dunque pure loro si chiedevano quale fossero le scelte migliori, quale fosse il primo di tutti i comandamenti...

A queste impegnative domande Gesù rispose citando quell'antica pagina del Deuteronomio che tutti conosciamo: «Ascolta, Israele, il Signore nostro Dio è l'unico Signore; amerai il Signore tuo Dio con tutto il tuo cuore...; e amerai il tuo prossimo come te stesso».

Così rispose Gesù, in quel tempo. Ma queste parole ci paiono ancora troppo lontane e teoriche: esse sembrano incapaci di orientare concretamente le nostre scelte. Noi forse avremmo preferito una risposta più precisa, più pratica, una risposta capace di mettere ordine nella nostra vita quotidiana.

Una simile risposta però non è possibile: perché non è possibile dire una volta per tutte quali siano le cose giuste da fare. Ogni giorno da capo infatti è necessario scegliere: ogni giorno da capo dobbiamo decidere le nostre azioni, senza aspettare che siano gli altri a decidere per noi. E dunque nessuno - neppure Gesù - può sostituire la nostra personale responsabilità.

Ma davanti a questa responsabilità noi non siamo soli. C'è sempre una parola che ci precede e ci sostiene. E dunque prima di tutto ci è chiesto di ascoltare tale parola. «Ascolta, Israele, il Signore nostro Dio è l'unico Signore». Sì, ascolta: e non lasciarti travolgere dalle mille opere di ogni giorno. Ascolta: e non pensare di salvarti da solo con le tue azioni. Sì, ascolta: e allora vedrai che cosa è giusto fare nella tua vita.

Alla fine, soltanto l'ascolto ci libererà dal nostro affanno inconcludente; e così la vita non sarà più soltanto faticosa, ma sarà anche promettente.

Trentaduesima Domenica del Tempo Ordinario

L'ipocrisia degli scribi e la concretezza della vedova

Marco 12,38-44

In quel tempo, Gesù [nel tempio] diceva alla folla nel suo insegnamento: «Guardatevi dagli scribi, che amano passeggiare in lunghe vesti, ricevere saluti nelle piazze, avere i primi seggi nelle sinagoghe e i primi posti nei banchetti. Divorano le case delle vedove e pregano a lungo per farsi vedere. Essi riceveranno una condanna più severa». Seduto di fronte al tesoro, osservava come la folla vi gettava monete. Tanti ricchi ne gettavano molte. Ma, venuta una vedova povera, vi gettò due monetine, che fanno un soldo. Allora, chiamati a sé i suoi discepoli, disse loro: «In verità io vi dico: questa vedova, così povera, ha gettato nel tesoro più di tutti gli altri. Tutti infatti hanno gettato parte del loro superfluo. Lei invece, nella sua miseria, vi ha gettato tutto quello che aveva, tutto quanto aveva per vivere».

Lamentarsi è facile, lo sappiamo: soprattutto è facile lamentarsi davanti a quelle ingiustizie che ogni giorno sembrano affliggere la nostra vita. E il lamento spesso diventa condanna: perché di solito si fa in fretta a trovare un colpevole al quale addossare le ragioni del torto subito. Succede così che il nostro mondo sia pieno di denunce e di condanne, come possiamo vedere ogni giorno soltanto sfogliando il giornale.

Ad un simile coro di lamenti sembra oggi associarsi la voce autorevole di Gesù, nel Vangelo di questa domenica: «guardatevi dagli scribi... Divorano le case delle vedove e pregano a lungo per farsi vedere. Essi riceveranno una condanna più severa». Queste parole di Gesù esprimono certo un lamento: e in questo senso assomigliano davvero alle nostre ricorrenti lamentele. Eppure qui Gesù non vuole semplicemente unirsi ad una condanna che sarebbe comunque scontata: piuttosto egli vuole mettere in guardia dall'atteggiamento irresponsabile degli ipocriti. Perché non basta condannare gli scribi per le loro opere: è necessario anche guardarsi dagli scribi per non imitare le loro opere.

Appunto per scongiurare l'ipocrisia Gesù raccomandò alla folla di guardarsi dagli scribi. E fu per lo stesso motivo che evidenziò ai discepoli il gesto di quella povera vedova, la quale aveva gettato nel tesoro del tempio tutto quanto aveva per vivere. Quella donna avrebbe certo avuto buoni motivi per lamentarsi: non aveva quasi più nulla, e ancora le chiedevano di pagare la tassa per il tempio. Ma nonostante tutto quella donna non si lamentò: perché essa sapeva che «il Signore ridona la vista ai ciechi, rialza chi è caduto, protegge i forestieri, sostiene l'orfano e la vedova» (cf. Sal 145). Essa sapeva che il suo tesoro era la protezione di Dio, e dunque evitava di perdersi in inutili lamentele.

Così farà anche lo stesso Gesù, una settimana dopo questo episodio: verrà messo in croce ingiustamente, in mezzo a ladroni e malfattori, ma lui non aprirà la bocca per lamentarsi. Perché anche lui - anzi, soprattutto lui - sapeva che il suo tesoro era la protezione di Dio.

E dunque pure noi - che ogni giorno vediamo ingiustizie e soprusi - pure noi fermiamoci prima di lamentarci, e chiediamoci se davvero siamo senza peccato. Scopriremo così che soltanto la protezione di Dio può mettere fine al male degli uomini; e ci accorgeremo forse che possiamo combattere in prima persona le ingiustizie e i soprusi, senza fare troppe parole inutili.

Trentatreesima Domenica del Tempo Ordinario

Conversione, non consolazione

Marco 13,24-32

In quel tempo, Gesù disse ai suoi discepoli: «In quei giorni, dopo quella tribolazione, il sole si oscurerà, la luna non darà più la sua luce, le stelle cadranno dal cielo e le potenze che sono nei cieli saranno sconvolte. Allora vedranno il Figlio dell'uomo venire sulle nubi con grande potenza e gloria. Egli manderà gli angeli e radunerà i suoi eletti dai quattro venti, dall'estremità della terra fino all'estremità del cielo. Dalla pianta di fico imparate la parabola: quando ormai il suo ramo diventa tenero e spuntano le foglie, sapete che l'estate è vicina. Così anche voi: quando vedrete accadere queste cose, sappiate che egli è vicino, è alle porte. In verità io vi dico: non passerà questa generazione prima che tutto questo avvenga. Il cielo e la terra passeranno, ma le mie parole non passeranno. Quanto però a quel giorno o a quell'ora, nessuno lo sa, né gli angeli nel cielo né il Figlio, eccetto il Padre».

C'è una malattia che affligge la società moderna, e le stesse nostre chiese cristiane: una malattia insidiosa, che ha sintomi nascosti ma effetti disastrosi. Mi riferisco a quella malattia di cercare in ogni messaggio di carattere «religioso», in ogni parola che dica a proposito di Dio, una risorsa per sognare, magari anche per commuoversi e piangere, senza per altro che ne vada di mezzo la qualità delle occupazioni quotidiane. Avveniva così già al tempo dell'esilio di Israele, quando i deportati a Babilonia preferivano distrarsi con le parole belle dei profeti piuttosto che impegnarsi nella loro nuova situazione di vita. «In folla vengono da te - leggiamo nel libro di Ezechiele - si mettono a sedere davanti a te e ascoltano le tue parole, ma poi non le mettono in pratica, perché si compiacciono di parole, mentre il loro cuore va dietro al guadagno» (Ez 33,31).

Allo stesso modo oggi si chiede alla religione di essere «leggera e consolatoria». Si chiede cioè che le parole religiose scaldino il cuore, facciano sognare, portino sollievo e consolazione: ma niente di più. Qualcuno potrebbe dire che è già un primo passo: perché comunque anche di sollievo e consolazione abbiamo bisogno. Il Vangelo di Gesù però non è d'accordo: perché la buona notizia di Dio non può essere trasformata in un semplice discorso consolatorio. A questo proposito Gesù era stato chiaro fin da subito: «Non crediate che io sia venuto a portare pace sulla terra - aveva detto un giorno ai discepoli - non sono venuto a portare pace, ma una spada» (Mt 10,34).

Appunto questa spada traspare dietro le parole forti del brano evangelico di oggi: «In quei giorni… il sole si oscurerà, e la luna non darà più la sua luce… e le potenze che sono nei cieli saranno sconvolte…; allora… quando vedrete accadere queste cose, sappiate che egli è vicino, è alle porte». Certo non sono «leggere» queste parole di Gesù: e infatti molti cristiani oggi le evitano, magari con la scusa di non capirle... Neppure si tratta di parole «consolatorie»: anzi, fanno intravedere chiaramente una fine ed un giudizio. E tuttavia proprio con queste parole forti Gesù riassume la sua predicazione alla vigilia della morte.

Occorre quindi che riscopriamo la forza del Vangelo di Gesù: il quale certo scalda il cuore, e fa anche sognare; ma non perché sia «leggero e consolatorio». Il Vangelo scalda il cuore perché è come una spada che penetra fino al punto di divisione dell'anima e dello spirito… e scruta i sentimenti e i pensieri del cuore (cf. Eb 4,12-13). E dunque il Vangelo fa sognare perché finalmente ci scuote dal torpore dell'indecisione, e ridona coraggio alle nostre opere.

Se però oggi ci accorgessimo che così non è, stiamo attenti: il nostro tempo infatti è breve, e non possiamo rimandare ancora la nostra conversione.

Cristo Re - Ultima Domenica del Tempo Ordinario

Una testimonianza regale

Giovanni 18,33b-37

In quel tempo, Pilato disse a Gesù: «Sei tu il re dei Giudei?». Gesù rispose: «Dici questo da te, oppure altri ti hanno parlato di me?». Pilato disse: «Sono forse io Giudeo? La tua gente e i capi dei sacerdoti ti hanno consegnato a me. Che cosa hai fatto?». Rispose Gesù: «Il mio regno non è di questo mondo; se il mio regno fosse di questo mondo, i miei servitori avrebbero combattuto perché non fossi consegnato ai Giudei; ma il mio regno non è di quaggiù». Allora Pilato gli disse: «Dunque tu sei re?». Rispose Gesù: «Tu lo dici: io sono re. Per questo io sono nato e per questo sono venuto nel mondo: per dare testimonianza alla verità. Chiunque è dalla verità, ascolta la mia voce».

Narra un racconto ebraico che un giorno si presentarono ad un vecchio rabbino alcuni giovani discepoli trafelati: «Maestro – dissero – lungo la strada alcuni ci hanno detto che il regno del Messia è venuto». Il vecchio rabbino non disse una parola, aprì la finestra, guardò sulla strada, e poi chiuse la finestra, scuotendo la testa, con rassegnazione. Come a dire: se il regno del Messia fosse venuto, qualcosa avrebbe dovuto cambiare; tutto invece è come prima: ancora il peccato, l'ingiustizia, la sofferenza, le molte incredulità.

Se ci pensiamo bene, molto simile a questa rassegnazione del rabbino può essere oggi il nostro atteggiamento, mentre celebriamo la festa di Gesù Cristo re dell'universo. È proprio vero – ci chiediamo – che il regno di Gesù si è esteso a tutto l'universo? È proprio vero che tutte le cose sono state rinnovate nel Cristo Re, come diciamo nella preghiera iniziale della Messa di questa festa? È proprio vero che la nostra vita è cambiata e ha ritrovato la bellezza e lo splendore delle origini? O non dobbiamo forse ammettere che tutto è rimasto come prima, e continua a rimanere come prima, nonostante le nostre buone intenzioni? Così almeno dobbiamo constatare davanti alle troppe ingiustizie e miserie che ancora segnano la nostra storia e anche la nostra vita personale…

Queste considerazioni non sono certo inedite per la storia cristiana. Già i discepoli di Gesù le fecero, verso la fine della sua missione. Essi avevano partecipato con gioia all'ingresso trionfale del Maestro, quando una folla esultante aveva cantato: «Osanna al Figlio di Davide, Osanna nel più alto dei cieli» (Mt 21,9). Quella gioia però era durata poco, perché quasi subito i capi del popolo avevano deciso di catturare quello scomodo Maestro. La pretesa regale di Gesù divenne in tal modo un sogno impossibile: così pensavano almeno i discepoli, mentre il Signore veniva condotto al processo di Pilato.

Ma proprio davanti a Pilato – come leggiamo nel Vangelo di questa domenica – Gesù riaffermò la sua regalità: «io sono re». Certo, egli spiegò subito al procuratore romano di essere un re particolare, il cui regno «non è di questo mondo». E tuttavia non rinnegò la sua pretesa: «io sono re; per questo io sono nato e per questo sono venuto nel mondo». Naturalmente Pilato non diede troppo peso a tali parole, desideroso com'era di chiudere al più presto quella fastidiosa causa. Eppure – almeno per un attimo – rimase colpito dalla dignità di quell'imputato, che affermava di «dare testimonianza alla verità». Pilato rimase colpito: perché mai – prima di allora – aveva visto un Signore dignitoso come Gesù.

Appunto una simile dignità sembrò in quel tempo più forte di ogni violenza. E proprio attraverso un'analoga dignità può affacciarsi nella nostra vita quel regno nuovo che tutti attendiamo. Certo, nella nostra esistenza ci sono ancora il peccato, l'ingiustizia, la sofferenza, le molte incredulità: al punto che ci verrebbe da scuotere la testa, come fece quel vecchio rabbino rassegnato... Eppure può essere diverso e nuovo il nostro modo di vedere questi mali, può essere diverso e nuovo il nostro cuore che li incontra. Il nostro cuore può essere come il cuore di Gesù: che è stato il cuore dignitoso di un Re perché ha testimoniato fino alla fine che la compassione e la tenerezza del Padre sono più forti di ogni violenza.

Solennità maggiori del Signore, della Madonna e dei Santi

Santissima Trinità - Prima Domenica dopo Pentecoste

Un Dio senza invidia

Matteo 28,16-20

In quel tempo, gli undici discepoli andarono in Galilea, sul monte che Gesù aveva loro indicato. Quando lo videro, si prostrarono. Essi però dubitarono. Gesù si avvicinò e disse loro: «A me è stato dato ogni potere in cielo e sulla terra. Andate dunque e fate discepoli tutti i popoli, battezzandoli nel nome del Padre e del Figlio e dello Spirito Santo, insegnando loro a osservare tutto ciò che vi ho comandato. Ed ecco, io sono con voi tutti i giorni, fino alla fine del mondo».

Quando si preparano i bambini per la confessione, si propone anche un esame di coscienza circa l'invidia. E i bambini – che nonostante tutto sono sempre i più svegli – prendono sul serio questo suggerimento: non è infatti raro il caso in cui essi confessino di essere invidiosi. I grandi, invece, quasi mai confessano l'invidia: forse perché l'invidia appare essere un peccato di quando si è bambini; ma soprattutto perché l'invidia è un peccato che solo la semplicità dei bambini sopporta di riconoscere. Infatti tutti siamo invidiosi: e tutti però cerchiamo di nasconderlo, dissimulando quell'invidia che si insinua nei nostri rapporti reciproci.

Ma che cos'è – più precisamente – l'invidia? Alla lettera, invidiare significa «non sopportare la vista»: non sopportare la vista degli altri – dei beni che possiedono, dell'onore che ricevono, del potere che hanno – e dunque sentire la presenza degli altri come una minaccia per la propria vita.

È quello che accadde già a Caino, in principio: nel libro della Genesi leggiamo che Caino aveva il volto abbattuto perché non sopportava la vista delle opere buone di suo fratello Abele; anzi, addirittura temeva che quelle opere buone oscurassero la sua vita. Caino dunque aveva il volto abbattuto, triste, irritato: e così avvenne che «mentre erano in campagna, Caino alzò la mano contro il fratello Abele e lo uccise» (Gn 4,8).

Certo la nostra invidia non arriva a tanto: essa appare molto più modesta e limitata; soprattutto si manifesta in forme molto più sottili e nascoste. E tuttavia è innegabile che anche le nostre piccole invidie nascondano la segreta intenzione di cancellare gli altri: di cancellarli almeno dalla vista e dai pensieri; di cancellarli per scongiurare quella segreta paura che essi suscitano nel nostro cuore.

Appunto da una simile paura ci vuole liberare lo Spirito di Dio che nella Pasqua è stato effuso nei nostri cuori. «Voi non avete ricevuto uno spirito da schiavi per ricadere nella paura – leggiamo nella lettera ai Romani (seconda lettura di questa domenica: Rm 8,14-17) – ma avete ricevuto lo Spirito che rende figli adottivi. Lo Spirito stesso, insieme al nostro spirito, attesta che siamo figli di Dio. E se siamo figli, siamo anche eredi: eredi di Dio».

Dunque noi che nella Pasqua abbiamo ricevuto lo Spirito di Dio non possiamo ricadere nella paura: non possiamo cioè rimanere schiavi delle nostre invidie reciproche, di quel sospetto vicendevole che ci complica la vita e ci rende perennemente tristi ed irritati. Tutti siamo figli di Dio: e dunque tutti siamo eredi delle sue promesse, senza la preoccupazione di meritarcele prima e meglio degli altri. Anzi, tutti siamo chiamati a scoprire le promesse di Dio insieme e attraverso gli altri: perché soltanto attraverso l'incontro grato con gli altri possiamo riconoscere quella promessa che dà un futuro alla vita.

Certo, l'invidia rimane sempre in agguato, anche se abbiamo ricevuto lo Spirito di Dio. Successe pure agli undici discepoli, che su quel monte della Galilea dubitavano, e da capo iniziavano a dividersi per invidia, come leggiamo nel Vangelo di questa festa della Santissima Trinità. Rimasero però colpiti dalle ultime parole del Maestro: «Ecco io sono con voi tutti i giorni, fino alla fine del mondo». Rimasero colpiti, gli undici discepoli: perché si accorsero di essere davanti ad un Dio senza invidia, un Dio che – al di là di tutto – non aveva paura della compagnia degli uomini; e così videro che non c'era proprio ragione per non sopportare la vista degli altri.

Sì, non c'è proprio ragione per essere invidiosi; soprattutto non c'è ragione per avere sempre paura degli altri: a meno che preferiamo vivere con il volto abbattuto ed irritato, come avvenne per Caino, in principio.

Corpo e Sangue del Signore - Seconda Domenica dopo Pentecoste

Il coraggio delle cose ultime

Marco 14,12-16.22-26

Il primo giorno degli àzzimi, quando si immolava la Pasqua, i discepoli dissero a Gesù: «Dove vuoi che andiamo a preparare, perché tu possa mangiare la Pasqua?». Allora mandò due dei suoi discepoli, dicendo loro: «Andate in città e vi verrà incontro un uomo con una brocca d'acqua; seguitelo. Là dove entrerà, dite al padrone di casa: "Il Maestro dice: Dov'è la mia stanza, in cui io possa mangiare la Pasqua con i miei discepoli?". Egli vi mostrerà al piano superiore una grande sala, arredata e già pronta; lì preparate la cena per noi». I discepoli andarono e, entrati in città, trovarono come aveva detto loro e prepararono la Pasqua. Mentre mangiavano, prese il pane e recitò la benedizione, lo spezzò e lo diede loro, dicendo: «Prendete, questo è il mio corpo». Poi prese un calice e rese grazie, lo diede loro e ne bevvero tutti. E disse loro: «Questo è il mio sangue dell'alleanza, che è versato per molti. In verità io vi dico che non berrò mai più del frutto della vite fino al giorno in cui lo berrò nuovo, nel regno di Dio». Dopo aver cantato l'inno, uscirono verso il monte degli Ulivi.

Il Vangelo di questa festa del Corpo e Sangue del Signore ci racconta l'ultima sera di Gesù con i suoi discepoli: è uno dei ricordi più preziosi che gli evangelisti ci hanno tramandato.

Anche noi, dopo che è morta una persona cara, ricordiamo con cura gli ultimi incontri: l'ultima parola, l'ultima festa, l'ultimo Natale, l'ultimo compleanno, e tante altre cose ultime... Noi cerchiamo facilmente con il ricordo quegli ultimi momenti passati insieme, quasi aspettandoci di scorgere in essi un messaggio, un testamento...

Eppure noi non avremmo voluto – in fondo – che quegli incontri fossero davvero gli ultimi. Non soltanto perché non avremmo voluto perdere quella persona cara; ma soprattutto perché noi abbiamo paura delle cose ultime. Noi infatti preferiamo i tempi incerti di ogni giorno, quei tempi in cui non ci è richiesto di fare scelte definitive, quei tempi provvisori che rimandano al domani le decisioni ultime. Noi abbiamo paura delle cose ultime: e così ci accontentiamo facilmente di cose banali e futili.

Gesù sembra invece cercare ed amare le cose ultime. Quella sera – in particolare – Gesù sapeva di essere giunto alle ultime ore della sua vita: sapeva che non avrebbe più bevuto del frutto della vite. E desiderava ardentemente vivere in pienezza quegli ultimi momenti. Certo non era contento di morire: anzi sentiva tutta l'angoscia per quella morte ingiusta che gli veniva inflitta dai Giudei. E tuttavia non voleva fuggire quell'ultimo momento: perché sapeva che proprio in quell'ultimo momento si sarebbe compiuta la sua missione.

I discepoli invece avevano paura di quell'ultimo momento. Essi quella sera pensavano a tutt'altro: pensavano soprattutto a come custodire l'onore e la fama che si erano procurati alla sequela di Gesù. E infatti discutevano di chi fosse il più grande, sognando un futuro di gloria e di potere (cf. Lc 22,24ss.). I discepoli avevano paura delle cose ultime, e preferivano cullarsi nel pensiero di tante altre cose più futili...

In tal modo i discepoli assomigliavano molto a quella folla che Gesù aveva saziato moltiplicando i pani e i pesci (cf. Gv 6). Anche quella folla fuggiva dalle cose ultime, e preferiva invece accontentarsi di avere la pancia piena. Ma Gesù sapeva che non era sufficiente avere la pancia piena per vivere in pienezza: allora subito congedò la folla e i discepoli – perché non si compiacessero troppo di quello che era successo – e si ritirò tutto solo sul monte, a pregare il Padre. Perché appunto quella sua fede nel Padre era la cosa ultima, la cosa che davvero contava.

Gesù dunque non si accontentava di cose banali e futili, ma aveva il coraggio delle cose ultime. E in quell'ultima sera, prima di lasciare i suoi discepoli, egli volle consegnare un segno di quel coraggio. Con il pane e con il vino egli consegnava ai discepoli la sua vita, perché anche loro imparassero quella fede nel Padre che è davvero la cosa ultima e più importante della vita.

Perché non basta avere la pancia piena per vivere in pienezza; non basta accontentarsi delle piccole cose banali che la vita ci offre. È invece necessario avere una fede, per affrontare tutte le cose con coraggio, senza rimandare al domani le scelte che posso-no essere fatte oggi.

Il pane e il vino che Gesù ci dona nell'Eucaristia sono appunto la testimonianza che una fede così è possibile: perché come Gesù ha avuto il coraggio di donare la sua vita fino alla fine, così può accadere anche a noi.

Immacolata Concezione di Maria - 8 dicembre

La benedizione e il lamento

Luca 1,26-38

In quel tempo, l'angelo Gabriele fu mandato da Dio in una città della Galilea, chiamata Nàzaret, a una vergine, promessa sposa di un uomo della casa di Davide, di nome Giuseppe. La vergine si chiamava Maria. Entrando da lei, disse: «Rallègrati, piena di grazia: il Signore è con te». A queste parole ella fu molto turbata e si domandava che senso avesse un saluto come questo. L'angelo le disse: «Non temere, Maria, perché hai trovato grazia presso Dio. Ed ecco, concepirai un figlio, lo darai alla luce e lo chiamerai Gesù. Sarà grande e verrà chiamato Figlio dell'Altissimo; il Signore Dio gli darà il trono di Davide suo padre e regnerà per sempre sulla casa di Giacobbe e il suo regno non avrà fine». Allora Maria disse all'angelo: «Come avverrà questo, poiché non conosco uomo?». Le rispose l'angelo: «Lo Spirito Santo scenderà su di te e la potenza dell'Altissimo ti coprirà con la sua ombra. Perciò colui che nascerà sarà santo e sarà chiamato Figlio di Dio. Ed ecco, Elisabetta, tua parente, nella sua vecchiaia ha concepito anch'essa un figlio e questo è il sesto mese per lei, che era detta sterile: nulla è impossibile a Dio». Allora Maria disse: «Ecco la serva del Signore: avvenga per me secondo la tua parola». E l'angelo si allontanò da lei.

«Ti saluto, o piena di grazia, il Signore è con te». Questo saluto dell'angelo a Maria è certo familiare a tutti: tante volte lo abbiamo ripetuto, pregando l'Ave Maria. «Ti saluto, o piena di grazia, il Signore è con te». Ascoltando queste parole, torna alla mente quella splendida pagina del profeta Sofonia: «Gioisci, figlia di Sion, esulta, Israele, e rallegrati con tutto il cuore, figlia di Gerusalemme! Non temere, Sion, non lasciarti cadere le braccia! Il Signore tuo Dio è un salvatore potente in mezzo a te» (Sof 3,14-17). Appunto una simile gioia traspare dal saluto che l'angelo rivolge a Maria: una gioia che diventa benedizione per la Vergine di Nazareth. Ti saluto, o piena di grazia, il Signore è con te.

Forse possiamo cogliere meglio la bellezza di questo saluto se lo confrontiamo con i nostri saluti, con le parole che più spesso ci diciamo salutandoci. Molte volte le nostre parole di saluto sono infatti segnate non dalla gioia e dalla benedizione, ma dal lamento: ci lamentiamo di quello che non va; soprattutto ci lamentiamo di noi stessi - della nostra vita, spesso difficile e complicata - e degli altri che - a volte - ci complicano ancora di più le cose. Questi nostri lamenti danno espressione al dispiacere o al fastidio che proviamo per l'ambiguità del nostro cuore; ma insieme questi nostri lamenti danno espressione al risentimento che quell'ambiguità facilmente genera: sentiamo la nostra ambiguità - la nostra ingiustizia, la nostra debolezza - come un destino, come un peso che ci opprime, e non tanto come una colpa di cui dobbiamo rendere conto.

Proprio così fa anche Adamo, nel racconto della Genesi che abbiamo ascoltato. Adamo anzitutto si vergogna e si nasconde davanti a Dio: confessa in tal modo il fastidio di sé e la consapevolezza di essere impresentabile. Ma - insieme - Adamo reclama la propria innocenza; o - se non proprio l'innocenza - reclama la fatalità della propria colpa, l'inganno di cui è stato vittima: La donna che tu mi hai posta accanto - dice Adamo - mi ha dato dell'albero e io ne ho mangiato. Come a dire: la colpa non è mia, ma è della donna: anzi; la colpa è tua, Dio, perché tu mi hai posto accanto questa donna! In tal modo, Adamo dice quello che noi spesso pensiamo: se gli altri fossero sinceri, certo riuscirei ad esserlo anch'io; se gli altri fossero generosi, sarei addirittura contento di esserlo anch'io; se gli occhi degli altri fossero senza invidia, non andrei certo io a cercare motivi per guardare con occhio ostile e cattivo il mio prossimo...

Appunto a questi nostri lamenti si oppone il saluto dell'angelo a Maria. Ti saluto, o piena di grazia, il Signore è con te. Tale saluto infatti esprime una benedizione che in Maria ha raggiunto e vinto il lamento di ogni uomo e di ogni donna. Certo, davanti a questa benedizione ci viene spontanea la domanda di Maria: come è possibile? Una domanda che spesso rimane senza risposta. Ma forse non è necessario rispondere; forse basta che ciascuno di noi senta nascere in sé questo desiderio, sia pure «impossibile»: il desiderio di riscoprire la vicinanza del Padre dei cieli come unica origine della nostra vita. Perché se quella è l'origine, certo la vita non può più essere determinata dal male: e noi potremmo gustare almeno una parte della gioia annunciata dall'angelo a Maria.

Assunzione di Maria - 15 agosto

Corpo rivestito di luce

Luca 1,39-56

In quei giorni Maria si alzò e andò in fretta verso la regione montuosa, in una città di Giuda. Entrata nella casa di Zaccarìa, salutò Elisabetta. Appena Elisabetta ebbe udito il saluto di Maria, il bambino sussultò nel suo grembo. Elisabetta fu colmata di Spirito Santo ed esclamò a gran voce: «Benedetta tu fra le donne e benedetto il frutto del tuo grembo! A che cosa devo che la madre del mio Signore venga da me? Ecco, appena il tuo saluto è giunto ai miei orecchi, il bambino ha sussultato di gioia nel mio grembo. E beata colei che ha creduto nell'adempimento di ciò che il Signore le ha detto». Allora Maria disse: «L'anima mia magnifica il Signore e il mio spirito esulta in Dio, mio salvatore, perché ha guardato l'umiltà della sua serva. D'ora in poi tutte le generazioni mi chiameranno beata. Grandi cose ha fatto per me l'Onnipotente e Santo è il suo nome, di generazione in generazione la sua misericordia per quelli che lo temono. Ha spiegato la potenza del suo braccio, ha disperso i superbi nei pensieri del loro cuore; ha rovesciato i potenti dai troni, ha innalzato gli umili; ha ricolmato di beni gli affamati, ha rimandato i ricchi a mani vuote. Ha soccorso Israele, suo servo, ricordandosi della sua misericordia, come aveva detto ai nostri padri, per Abramo e la sua discendenza, per sempre». Maria rimase con lei circa tre mesi, poi tornò a casa sua.

«Corpo corruttibile». Così San Paolo descrive la nostra esperienza umana nel capitolo 15 della prima lettera ai Corinzi, di cui leggiamo alcuni brani nelle messe odierne. Siamo corpo corruttibile, corpo fatto di carne, corpo segnato irrimediabilmente dalla morte. «Me infelice», scrive ancora San Paolo nella lettera ai Romani, «chi mi libererà da questo corpo di morte?» (Rm 7,24).

Forse queste espressioni ci possono sembrare esagerate, o quantomeno le possiamo sentire lontane dalla nostra sensibilità. Perché spesso questo nostro corpo fatto di carne è pure un corpo bello, un corpo in salute, un corpo comunque carico di desideri e di attese. Tutti gustiamo le gioie del nostro corpo: magari attraverso un'attività sportiva riuscita, oppure durante una salutare vacanza, o ancora nello scambio reciproco degli affetti, o, più semplicemente, nelle piccole soddisfazioni quotidiane, come durante un buon pranzo.

Tutti gustiamo le gioie del nostro corpo: e tuttavia rimane vero che ogni giorno ne sperimentiamo pure l'invincibile debolezza.

Infatti basta poco - un dolore appena più intenso, un po' di fame o un po' di sete, un po' di stanchezza o un po' di sonno - basta davvero poco, e il nostro corpo diventa un peso, una sofferenza, una fatica. E anche quando siamo in piena salute ci accorgiamo di quanto sia fragile il corpo: perché le intenzioni, i desideri, gli amori della nostra vita appassiscono nel breve volgere del tempo, al punto che ci accade un giorno di essere euforici, pieni di entusiasmo e di energie, e magari il giorno dopo di essere depressi, stanchi e delusi; ci accorgiamo così di quanto sia fragile ed ambiguo il nostro corpo, sempre in bilico fra il cielo e l'abisso, sempre instabile ed inquieto.

Dunque, chi ci libererà da questo corpo di morte? Chi guarirà questo nostro corpo corruttibile? Risponde San Paolo: Se per mezzo di un uomo venne la morte, per mezzo di un uomo verrà anche la risurrezione dei morti; come infatti in Adamo tutti muoiono, così in Cristo tutti riceveranno la vita (1Cor 15,21-22). Dunque saremo liberati da questo corpo di morte. Saremo liberati, ma non nel senso di essere sciolti dal corpo: in fondo, senza di esso noi non possiamo esistere, né ora, né nell'eternità. Saremo liberati piuttosto nel senso di raggiungere la perfetta trasparenza della nostra carne, la sua piena corrispondenza allo spirito, la sua completa realizzazione. Saremo liberati nel senso di raggiungere quella libertà vera del corpo che non è più in balìa del dolore o del tempo, ma è capace di abitare pienamente il dolore e il tempo.

L'Assunzione della beata Vergine Maria in cielo realizza e manifesta appunto questo nostro destino. Maria è la donna vestita di sole (Ap 12,1): la sua carne debole e corruttibile è diventata luminosa di una luce che non le apparteneva. Povera serva era Maria, povera come povero è ogni uomo; e tuttavia il Signore Dio ha guardato l'umiltà della sua serva (Lc 1,48), al punto che ora tutti la chiamano beata. Confessando la propria umiltà, senza tremare e senza disperare a motivo di essa, la serva del Signore ha consentito che lo sguardo di Dio riposasse su di lei e la vestisse della sua luce.

Ecco, questo è pure il nostro destino: un destino di bellezza che non è semplicemente il lieto fine promesso alla nostra vita, ma che può incominciare già oggi. Perché già oggi noi, come Maria, possiamo iniziare ad affidarci allo sguardo buono di Dio. Soltanto ci è chiesto di invocare la sua misericordia confessando la nostra miseria, e dunque rinunciando a quei falsi vestiti con cui spesso abbiamo nascosto le fragilità di ogni giorno. Allora anche il nostro corpo corruttibile sarà rivestito di luce: e finalmente l'incerto trascorrere dei nostri giorni riceverà una mèta stabile e sicura.

Tutti i Santi - 1 novembre

Credo nella comunione dei santi

Matteo 5,1-12

In quel tempo, vedendo le folle, Gesù salì sul monte: si pose a sedere e si avvicinarono a lui i suoi discepoli. Si mise a parlare e insegnava loro dicendo: «Beati i poveri in spirito, perché di essi è il regno dei cieli. Beati quelli che sono nel pianto, perché saranno consolati. Beati i miti, perché avranno in eredità la terra. Beati quelli che hanno fame e sete della giustizia, perché saranno saziati. Beati i misericordiosi, perché troveranno misericordia. Beati i puri di cuore, perché vedranno Dio. Beati gli operatori di pace, perché saranno chiamati figli di Dio. Beati i perseguitati per la giustizia, perché di essi è il regno dei cieli. Beati voi quando vi insulteranno, vi perseguiteranno e, mentendo, diranno ogni sorta di male contro di voi per causa mia. Rallegratevi ed esultate, perché grande è la vostra ricompensa nei cieli».

«Credete nella comunione dei santi?».

Ogni volta che accompagniamo un defunto in questo cimitero, prima della sua sepoltura, siamo interpellati da questo interrogativo, che completa la triplice professione battesimale della fede cristiana: «credete nella comunione dei santi?». Alla domanda rispondiamo non tanto con il nostro «credo», detto con più o meno forza, quanto piuttosto con il nostro essere qui, insieme, accompagnando i nostri cari: nel giorno della loro sepoltura come in questi giorni di inizio novembre, quando siamo soliti tornare alle loro tombe. Noi crediamo nella comunione dei santi semplicemente con la nostra presenza, con la nostra partecipazione anche fisica ai funerali e a questa liturgia nel cimitero, con il nostro esserci gli uni accanto agli altri.

Vogliamo cercare di comprendere meglio questa realtà della comunione dei santi, che è visibile, multiforme, tra terra e cielo.

«Ecco, vidi una moltitudine immensa, che nessuno poteva contare, di ogni nazione, tribù, popolo e lingua» (Ap 7,9). La comunione dei santi, nella quale noi crediamo, è anzitutto visibile: non è un semplice sentimento interiore o un puro desiderio astratto, ma si realizza in una compagnia visibile, come la visione della moltitudine immensa attestata dal libro dell'Apocalisse. La disciplina della chiesa, fin dal tempo delle catacombe, prescrive di seppellire i morti in un luogo comune: e anche oggi, quando la pratica della cremazione è stata accettata, le leggi della chiesa proibiscono di disperdere le ceneri in natura o di conservarle a casa. L'obbligo cristiano di seppellire i morti nel cimitero o almeno di custodire qui le loro ceneri rende visibile ancora oggi la realtà della comunione dei santi: per cui neanche la morte può spezzare quei legami di affetto che ci uniscono gli uni agli altri; e quando noi andiamo al cimitero per ricordare i nostri cari, come appunto facciamo oggi, siamo quasi costretti ad incontrare altre persone, che qui vengono per lo stesso motivo, e così siamo liberati dalla solitudine della morte, che viene invece amplificata dalla moderna privatizzazione del lutto. Accompagniamo qui i nostri cari nel giorno del funerale perché crediamo che la comunione vince sulla solitudine; per lo stesso motivo siamo tutti qui oggi, ritrovando anche le ragioni della nostra compagnia, salutarmente obbligati dalla comune memoria dei nostri defunti.

«Noi fin d'ora siamo figli di Dio» (1Gv 3,2). La comunione dei santi visibile è anche multiforme: tutti siamo figli di Dio, pur appartenendo a famiglie diverse. Siamo diversi, non sempre andiamo d'accordo, eppure tutti noi «fin d'ora siamo figli di Dio». La comunione dei santi è più forte delle divisioni terrene, e vince ogni altra separazione. Come cantiamo nelle liturgie di questi giorni, con le parole dell'apostolo Paolo: «Chi ci separerà? Forse la tribolazione, l'angoscia, la persecuzione, la fame, la nudità, il pericolo, la spada? Nulla potrà mai separarci dall'amore di Dio» (cf. Rm 8,35ss.).

«Rallegratevi ed esultate, perché grande è la vostra ricompensa nei cieli» (Mt 5, 12). Ecco la beata conclusione: la comunione dei santi visibile e multiforme abbatte anche la separazione tra terra e cielo. Noi oggi camminiamo in mezzo ai nostri cari che sono in cielo, e ci rivolgiamo a loro come se fossero sulla terra. Non è soltanto la rappresentazione simbolica di un destino sperato: è invece l'anticipazione tangibile di una promessa reale. La terra sulla quale camminiamo è naturalmente congiunta al cielo: è come le cime delle nostre montagne, che traggono la loro imponenza dal contrasto con il cielo infinito. Pertanto non ci stanchiamo di sollevare lo sguardo verso il cielo, e così pure il nostro cammino sulla terra diventa più leggero.

«Credete nella comunione dei santi?».

La festa odierna, che ci vede qui radunati, rafforza la nostra professione di fede. Con la bocca e con la mente diciamo «credo nella comunione dei santi»: e incoraggiati dalla comune intercessione di tanti nostri fratelli invochiamo da capo l'abbondanza della misericordia divina che sempre restituisce ai nostri occhi la luce e al nostro cuore la pace.

Postfazione

«Esse uscirono e fuggirono via dal sepolcro, perché erano piene di spavento e di stupore. E non dissero niente a nessuno, perché erano impaurite» (Mc 16,8).

Mi ha sempre un po' impressionato che la conclusione più antica del Vangelo più antico, secondo nell'ordine canonico ma per gli studiosi primo nella genesi, scritto attorno al 70 dopo Cristo, pochi decenni dopo la morte di Gesù, sia così pervasa di incredulità. Se poi consideriamo la tradizionale riconduzione del Vangelo marciano all'apostolo Pietro, quello chiamato prima degli altri a confermare la fede dei fratelli, questa ostentata incredulità stupisce ancora di più.

Che il Vangelo sia pervaso di incredulità non deve meravigliare. «Io ritengo che ciascuno di noi abbia in sé un non credente e un credente, che si parlano dentro, si interrogano a vicenda, si rimandano continuamente interrogazioni pungenti e inquietanti l'uno all'altro. Il non credente che è in me inquieta il credente che è in me e viceversa»: così diceva il cardinale Carlo Maria Martini nel 1987 a Milano, introducendo la prima «Cattedra dei non credenti». Incredulità e fede vanno sempre insieme: perché l'una senza l'altra rimangono prigioniere ciascuna della propria ideologia. «Imparate ad inquietarvi: se non credenti, a inquietarvi della vostra non credenza; se credenti, a inquietarvi della vostra fede. Solo allora le vostre posizioni saranno veramente fondate».

La fede ha una originaria precedenza nelle biografie di ciascuno: noi nascendo impariamo anzitutto a credere. La vita non è una progressione dall'incredulità alla fede, ma comincia con la fede, solo dopo si fa esperienza dell'incredulità. La fede dell'infanzia non è sinonimo di ingenuità o immaturità, ma rappresenta il linguaggio attraverso cui abbiamo addomesticato il mondo, riconoscendo attorno a noi, a partire dalla voce della mamma, una promessa che ci chiamava. Quel riconoscimento, quando abbiamo capito che la voce era rivolta a noi, che il nome chiamato era il nostro proprio nome, ci ha dato forma e sicurezza: certo, l'affidabilità di quella promessa originaria poteva essere soltanto creduta, non avevamo altro modo di verificarne la consistenza; e tuttavia proprio credendoci abbiamo acquisito la nostra identità.

Così anche è strutturato il Vangelo di Marco, che nella sua essenzialità riflette in modo più immediato la dinamica antropologica universale. «Inizio del Vangelo di Gesù, Cristo, Figlio di Dio». (Mc 1,1). Come Giovanni, ma in modo più incisivo rispetto al quarto Vangelo, Marco inizia il racconto con la professione di fede. Che Gesù sia il Figlio di Dio, il Giusto, gli altri due sinottici, Matteo e Luca, lo proclameranno soltanto alla fine, sotto la croce, per bocca del centurione che vede morire il Nazareno (Mt 27,54; Lc 23,47). Marco lo afferma alla fine (Mc 15,39) e all'inizio, creando così un'inclusione letteraria che testimonia, meglio di tanta dottrina, l'universale inclusione antropologica. La fede per cui egli è il Figlio di Dio, ed ogni uomo è figlio chiamato da una promessa che non è solo di questo mondo, è una verità archeologica ed escatologica allo stesso tempo: sta in principio e nelle ultime cose, precede e compie, generando quella tensione grazie alla quale la nostra vita è segnata dalla sorpresa e dalla volontà di sempre ricominciare, «in attesa che si compia la beata speranza».

Tale quotidiana attesa del compimento è però segnata dall'insorgere ripetuto del dubbio, per cui alla fede subito si accosta l'incredulità, già nella culla. Il pianto «disperato» dell'infante che cerca la mamma temendo segretamente di essere stato abbandonato, come se ella abbia subito tradito la promessa fattagli in principio, rivela l'originale insorgenza dell'incredulità, traccia di un sospetto in qualche modo nativo, e infatti anche al momento del parto il bambino piange, che la tradizione ha denominato «peccato originale». «Ma tu pur nasci a piangere», scriveva Alessandro Manzoni, nella poesia «Il Natale del 1833», parlando della nascita del Figlio di Dio, ma alludendo anche alla nascita di ogni figlio dell'uomo. La sorpresa per la promessa ricevuta, la fede appunto, viene presto oscurata dal dubbio sull'affidabilità di tale promessa, cioè dall'incredulità.

Il Vangelo di Marco esprime la consistenza antropologica dell'incredulità raccontando l'azione taumaturgica di Gesù che incontra gli ammalati. L'esperienza della malattia, fisica ma anche mentale, nel caso degli indemoniati, è centrale nella narrazione marciana: se in Matteo prevalgono le parole del Signore, raccolte in cinque grandi discorsi, e Luca costruisce un racconto teologico attorno alla misericordia rivelata in Cristo e nella Chiesa, di generazione in generazione, Marco ci trasmette la narrazione scarna, paratattica e in questo senso più aderente agli eventi nel loro accadere, di ripetuti incontri tra Gesù e i malati, «tutti i malati e gli indemoniati» che venivano a lui «da ogni parte» (cf. Mc 1,32.45).

È singolare che il primo racconto più articolato di guarigione sia quello del paralitico calato su una barella dal tetto scoperchiato della casa in cui Gesù annunciava la Parola (Mc 2,1-12), quando viene esplicitato il legame tra malattia e peccato, tra la paralisi delle gambe, che impedisce di camminare, e la paralisi dell'incredulità, che toglie alla vita la forza della fede nelle promesse ricevute. «Figlio, ti sono perdonati i peccati». Il saluto che Gesù rivolge al paralitico suona scandaloso: non solo alle orecchie degli scribi, che mormorano per la presunzione divina del Nazareno, ma anche alle nostre menti politicamente corrette: davanti ad un uomo così provato dalla vita non parli, in prima battuta, dei suoi peccati; a meno di voler ricondurre la sua malattia alle colpe commesse, come se fosse l'incredulità, radice di ogni peccato, la causa del male che lo paralizza. Ma davvero non c'è questo legame il peccato e la malattia? Certo, esso non può essere descritto in modo così brutalmente retributivo, come una certa tradizione ha insegnato, come noi segretamente auguriamo ai nostri nemici, e cioè che il peccato commesso è punito da Dio già su questa terra attraverso proporzionali malattie o sciagure: tutta la predicazione e la vita di Gesù smentiscono una simile sbrigativa lettura. E tuttavia c'è un nesso tra il peccato e la malattia: «Che cosa è più facile: dire al paralitico "Ti sono perdonati i peccati", oppure dire "Alzati, prendi la tua barella e cammina?"». Il nesso Gesù lo indica non articolando una dottrina teologica sul male, ma compiendo un gesto divino, la guarigione fisica del paralitico, che risponde alla domanda su che cosa sia più facile: la paralisi delle gambe è sicuramente difficile da guarire, ma la paralisi dell'incredulità è più grave ancora, perché abbiamo tanti rimedi per affrontare la malattia, ma quando c'è il peccato, e cioè l'incredulità che paralizza la speranza, anche il male fisico diventa insostenibile. Dimenticare questo nesso tra peccato e malattia significa vivere con l'illusione moderna di avere un rimedio umano per tutto, che ciascuno può usare senza dover chiedere aiuto a Dio e anche senza disturbare troppo gli altri, salvo poi accorgerci, ad esempio quando un microscopico virus sconosciuto decide di accasarsi tra gli umani, che siamo pur sempre mortali ed impotenti, e abbiamo bisogno di chiedere aiuto, cioè di dare fiducia a qualcuno, uscendo dall'incredulità di chi confida solo nelle proprie forze.

Emblematico di un simile passaggio dall'incredulità alla fede è la vicenda biografica dell'apostolo Pietro, il narratore da cui Marco attinge, che insieme agli altri discepoli, ma sempre in posizione singolare, ha fatto l'esperienza di come il cammino della fede non sia lineare, e si possa passare in fretta dall'entusiasmo al tradimento. La scena che forse meglio riassume questa oscillazione tra fede ed incredulità è quella della tempesta che sballotta la barca di Pietro e degli altri discepoli nel mare della Galilea dopo la prima moltiplicazione dei pani (Mc 6,45-52), alla fine del capitolo sesto, poco prima che inizi la seconda parte del Vangelo che dai primi annunci della passione arriva fino alla morte di Gesù sulla croce. Qui si passa dal gesto prodigioso per cui in un luogo deserto «tutti mangiarono a sazietà» alla paura nella tempesta, anche in presenza di Gesù che cammina sulle acque agitate, che per l'evangelista ha una ragione ben precisa: «il loro cuore era indurito». Per comprendere meglio il significato di questo racconto possiamo ricorrere al parallelo di Matteo (Mt 14,20-33) che aggiunge alla narrazione marciana la richiesta di Pietro di andare verso Gesù sulle acque. Che sia il Vangelo di Matteo, e non quello di Marco, a restituirci un gesto compiuto da Pietro conferma, in modo paradossale, che la predicazione di Pietro è la matrice del secondo Vangelo: possiamo infatti scorgere qui un pudore per cui l'apostolo, predicando, non vuole ostentare sé stesso, sia per vergogna, visto il suo percorso per niente lineare, ma anche perché ha imparato da Gesù che non è il buon esempio ad aiutare, bensì la buona testimonianza per cui l'uditore guarda nella direzione indicata, e non il dito di chi indica. Grazie a Matteo, dunque, possiamo intendere meglio la qualità simbolica della tempesta nel mare della Galilea e la sua esplicita allusione all'antropologico quotidiano sballottamento tra fede ed incredulità.

La baldanza con cui Pietro vuole andare verso Gesù sulle acque esprime sinteticamente l'incomprensione di tutti gli altri discepoli rispetto al «fatto dei pani» per cui «il loro cuore era indurito»: l'equivoco nasce da una sindrome di onnipotenza che si era impadronita di loro, di fronte ai prodigi compiuti dal Nazareno. Certo, l'opera di Gesù materialmente non era molto diversa da quella di un qualsiasi altro taumaturgo di quel tempo che rinnovavano per i malati il miracolo della guarigione; anche il fatto dei pani, liberato dall'intento teofanico della narrazione, può essere storicamente ricondotto al miracolo della condivisione che fa bastare il pane per tutti. Eppure il modo singolare con cui Gesù compiva questi gesti li aveva resi prodigiosi agli occhi dei discepoli: il prodigio, però, che essi vedevano non nasceva dalla fede di chi riconosce l'opera di Dio ma dall'incredulità di chi avrebbe voluto sostituire l'opera di Dio con una presunta onnipotenza umana. «Signore, è questo il tempo nel quale ricostituirai il Regno per Israele?» (At 1,6). La domanda dei discepoli nel giorno dell'Ascensione, che troviamo all'inizio degli Atti degli Apostoli, seconda parte del racconto di Luca, è l'equivoco che attraversa i Vangeli dall'inizio alla fine, l'incredulità per cui il Regno possa coincidere con questo tempo, cioè con l'opera umana. Questa incredulità induriva il cuore dei discepoli, impediva loro la comprensione non soltanto del fatto simbolico dei pani ma di ogni altro gesto o parola del Maestro. In tale senso più complessivo va dunque inteso il rimprovero che Gesù fa a Pietro: «Uomo di poca fede, perché hai dubitato?».

L'esito di questa incredulità è l'affondare di Pietro nelle acque del mare in tempesta che però diventa subito richiesta di aiuto: «Signore, salvami». Non poteva esserci professione di fede più efficace, certamente più autentica rispetto a quella un po' recitata che l'apostolo farà a Cesarea di Filippo (Mc 8,27-33) non per nulla conclusa da un altro rimprovero di Gesù: «Va' dietro a me, Satana! Perché tu non pensi secondo Dio, ma secondo gli uomini». Qui invece, nel racconto di Matteo della tempesta nel mare della Galilea, il grido di Pietro che affonda per la sua incredulità conduce alla fede, anche degli altri discepoli: «Quelli che erano sulla barca si prostrarono davanti a lui, dicendo: "Davvero tu sei Figlio di Dio"». Come se per essere autentica la fede avesse comunque bisogno dell'incredulità.

Ecco perché se dobbiamo dare un titolo al Vangelo, in particolare a quello di Marco, possiamo usare l'endiadi «incredulità e fede»: dove i due termini, apparentemente contrapposti, indicano in realtà il medesimo cammino dell'uomo. Il destino di Pietro, chiamato a confermare nella fede i fratelli «una volta ravveduto» (cf. Lc 22,32) è la missione della Chiesa: ogni domenica, leggendo il Vangelo nella celebrazione dell'Eucaristia, noi impariamo a credere, riconoscendo la nostra incredulità; così diamo luce all'esperienza di ogni uomo che, nato credente, con il trascorrere degli anni perde la fiducia, ma ha sempre la possibilità di ritrovarla, se incontra il Maestro che gli indica la strada.

e.d.

INDICE

Beati quelli che ascoltano
Omelie festive dell'anno A

In cammino
Omelie festive dell'anno C

Nel volume «Beati quelli che ascoltano» sono raccolte le omelie festive del ciclo liturgico A, secondo il Lezionario del rito romano: riguardano tutte le domeniche dei tempi forti di Avvento, Natale, Quaresima e Pasqua, tutte le domeniche del tempo ordinario, le solennità del Signore, le feste del Signore come pure le solennità della Madonna e dei santi che quando cadono di domenica prevalgono sulla liturgia corrente, e infine due importanti ricorrenze non festive, il mercoledì delle ceneri e la commemorazione di tutti i fedeli defunti. Inoltre, per le due principali solennità dell'anno liturgico, il Natale e la Pasqua, sono raccolte le omelie relative alle quattro messe natalizie - vigilia, notte, aurora e giorno di Natale, e alle cinque celebrazioni del triduo pasquale - giovedì santo, venerdì santo, veglia pasquale, giorno e sera di Pasqua.

Nel volume «In cammino» sono raccolte le omelie festive del ciclo liturgico C, secondo il Lezionario del rito romano, limitatamente alle domeniche e alle solennità infrasettimanali che in Italia sono di precetto.

Questi volumi, insieme al presente «Incredulità e fede», relativo al ciclo liturgico B, sono il frutto della pratica ventennale di predicazione di don Elio Dotto, esercitata prima a Cuneo e quindi come parroco a Limone Piemonte.

In tutti i volumi, per ogni ricorrenza oltre all'omelia viene pubblicata anche la pericope evangelica del giorno, nella traduzione italiana ufficiale per l'uso liturgico.

Printed by Books on Demand GmbH, Norderstedt / Germany